Petra Moll

Wilfried Scharnagl

Das große Petra Moll Buch

Rosenheimer & Augsburger

AUGSBURGER BÜCHER

Inhalt

Vor dem Monopteros im Englischen Garten zu München – ein Kinderwagen als Erinnerung an Petra Molls Auftritt auf der Kunstszene

An Stelle eines Vorwortes

oder wie es mit einer Vorfahrt begann

Das Gefährt war für die damalige Zeit, Ende der fünfziger Jahre, durchaus modern und ansehnlich, ein eleganter, hochrädriger Kinderwagen in gepflegtem Blau. Das Fahrzeug diente zum einen angestammter Zielsetzung und üblicher Nutzung, dem Transport eines Kleinkindes, Christian Moll mit Namen (und mittlerweile auf die stattliche Länge von 191 Zentimeter herangewachsen). Weniger üblich war die andere Fracht, die damals, 1957, in diesem Kinderwagen durch die Straßen Münchens geschafft wurde: Es waren zwei Hinterglasbilder.

Petra Moll, bis dahin Malerin nur für die private Freude, wagte den offiziellen Auftritt auf der Münchner Kunstszene. Sachverständige und optimistische Freunde hatten in der Wohnung der Familie Moll Selbstgemaltes gesehen, waren begeistert von der unbekümmerten Farbigkeit des familiären Wandschmuckes, hatten eifrig-ratend davon gesprochen, daß sich solche Bilder doch verkaufen lassen müßten. Der Gedanke war neu, fremdartig, auch bestürzend, verlangte von Petra Moll plötzlich eine ganz andere Sicht ihrer Malerei, erzwang Abstand, den kritischen Schritt zurück, der das notwendige Anschauen mit anderen Augen ermöglicht. Das Ergebnis dieser selbstkritischen Prüfung fiel so aus, daß sich Petra Moll ermutigt fühlte, den Schritt über die imaginäre Grenze zu tun – von der Malerei für den eigenen Anspruch, für die Familie, für den unmittelbaren Lebensbereich zur Malerei, die sich öffentlichem Urteil, der Meinung der anderen, auch der Kritik stellt.

An den Kunst-Aufbruch mit Kinderwagen und klopfendem Herzen erinnert sich Petra Moll noch nach Jahrzehnten als ob es gestern gewesen wäre. Diese Fahrt markierte den Aufbruch in eine neue Dimension ihres Lebens, persönlich wie künstlerisch. Die Demonstrationsreise hatte nur zwei

Stationen. Der erste angesprochene Galerist äußerte Entzücken, mochte sich aber, mit Hinweis auf eine bereits vertretene Künstlerin, die in ähnlichem Stil male, nicht zu einem Ankauf entschließen. Der Durchbruch kam an Haltepunkt zwei. Petra Moll zeigte der Galeristin ein kleines Hinterglasbild, zögernd, zweifelnd, bangend. Die Zustimmung, die kam, war spontan und konkret, verlangte weiteres Gemaltes zu sehen. Der erste Verkauf von Bildern der Petra Moll war zustandegekommen.

Umgehend fanden die Bilder ihren Weg ins Schaufenster der Galerie. Petra Moll wird sich an die Empfindungen, die sie hatte, als sie zum erstenmal von ihr Gemaltes ausgestellt sah, immer erinnern: „Ich war natürlich weg, daß da jetzt Tausende vorbeigehen und meine Bilder anschauen. Ich war zu Tränen gerührt.“

Das war der Anfang der Karriere der Malerin Petra Moll.

Profil einer Stadt – türmereiches München im Winter

Petra Moll und München

Eine Stadt als ihre Welt

Das Wort von Thomas Mann, mit dem er seine Erzählung „Gladius Dei“ beginnen läßt, mag gelegentlich durch allzu häufige Benutzung in die Gefahr der Abnutzung geraten, Petra Moll hat keinen Zweifel an der Richtigkeit der darin getroffenen Aussage: „München leuchtet“. Das Verhältnis der Malerin zur bayerischen Landeshauptstadt, zu „ihrer“ Stadt, ist nicht von Zweifeln angekränkelt oder von Schatten überlagert. Die Liebe Petra Molls zu München ist kraftvoll, lebendig, optimistisch. Mit kritikloser Anhimmelei wiederum hat dies nichts zu tun.
Das Wissen um Schwächen, um Fehlentwicklungen, um Gefahren für das Wesen der Stadt und für ihre Zukunft, um Verluste und Einbrüche, die der charakteristischen Unverwechselbarkeit drohen, ist stark ausgeprägt. Noch stärker aber ist die Gewißheit, daß München, das in seiner Geschichte so viel überstanden hat, auch mit seinen Problemen fertigwerden wird. Die Beziehung von Petra Moll zu München ist strapazierfähig, ist dicht, hat tiefe Wurzeln, sie ist erlebt, sie ist erfahren, sie ist, auch und vor allem, er-malt.

Für das Kind schon war München Traumstation, wenn auf der Reise von der sächsischen Heimat des Vaters in die österreichische Heimat der Mutter Halt gemacht wurde an der Isar. Aus der Zufallsbegegnung in Kindheit und Jugend wurde die bewußte Entscheidung für diese Stadt: 1940 kam Petra Moll endgültig nach München, und da blieb sie. Die Wirren der Zeit, des Krieges und der Jahre danach, haben dieses Ja zu München nie in Frage stellen können, erst recht nicht dann, als sie Richard Moll kennenlernte und heiratete. Die persönliche Verankerung setzte den anhaltenden und nachwirkenden Schluß- und Höhepunkt in den Beziehungen zwischen München und Petra Moll: „Für mich war immer klar, daß eigentlich gar keine andere Stadt in Frage kam“. Es hieße Frau Moll in ihrer Art und in ihrem Wesen gründlich verkennen, wollte man den engen Kontakt zu München, zu der Stadt, die für sie persönliches und künstlerisches Lebenselexier ist, als Abgrenzung gegenüber anderen Städten und Landschaften sehen, als überhebliche Überschätzung deuten. Dazu läßt schon die bekannteste bayerisch-münchnerische Lebensregel, jene vom „Leben und Leben-lassen“, keinen Raum. Gerade die Schwerpunktsetzung auf München macht für Petra Moll die Offenheit gegenüber

Neuem, das Verstehen des Unterschiedlichen, das Begreifen jenes Ortes, der für andere Heimat ist, zu selbstverständlicher Haltung.

Dies geht allein schon daraus hervor, daß Petra Molls malerische Anfänge nicht unbedingt Münchner Art waren. Bäuerliche, ländliche Motive standen am Beginn, gaben die Idee zu den ersten tastenden Versuchen. Von der Stadtansicht, die einmal so recht die bestimmende und prägende Domäne in ihrer Kunst werden sollte, war damals noch keine Rede. Dann kam die geistige Begegnung mit den französischen Naiven. Neue Einsichten taten sich auf, neue Möglichkeiten des Umgangs mit der Farbe, des Sehens der Wirklichkeit, des Umsetzens in das Bild. Über französische Maler kam die Hinführung zu Frankreich schlechthin, kam die wiederholte Begegnung mit dem Land, mit seinen Menschen, mit seiner Kunst. Das Thema Frankreich also beherrschte das Werden der Malerei von Petra Moll, über diesen Zugang erst öffnete sich der Weg zum ewigen Thema München.

Dieser Beginn war nicht einfach, war er doch verbunden mit dem Erarbeiten einer neuen Technik. Hatte Petra Moll bis dahin nur Hinterglasbilder gemalt, so wandte sie sich nun der Leinwand und der Ölfarbe zu. Ihr erstes Ölbild noch zeigte ein französisches Motiv, das Loire-Schloß Cheverny. Von baulichem Glanz der Vergangenheit erfolgte der Schritt zu bürgerlich-lebendiger Gegenwart, zu pulsierendem Alltagsleben. Das Thema war ein geradezu klassisches Münchner Kernstück, der Viktualienmarkt. Eingesessenen wie Gästen gilt dieser Platz hinter der Heilig-Geist-Kirche nicht selten als jener Ort, wo München am münchnerischsten ist. Nüchternes Marktgeschehen erfährt durch bayerische Individualität und Münchner Lebensart eine besondere Atmosphäre, die sich dem Spaziergänger ebenso erschließt wie der Hausfrau, die ihre täglichen Einkäufe aus einem kaum aufzuzählenden Angebot heraus trägt. „Auf dem Viktualienmarkt dürfen in der Regel nur Lebensmittel, deren Verkauf auf demselben herkömmlich ist, wie Garten-, Wald- und Feldfrüchte, Butter, Schmalz, Honig, Eier, Lämmer, Kitze, Spanferkel, Wildbret, Geflügel, Fische, Krebse, Schnecken, Froschschenkel, Brot und nur neben Lebensmitteln auch Blumen feilgeboten oder verkauft werden. Ausnahmen bedürfen der besonderen Genehmigung“, hatte der Magistrat der Königlichen Haupt- und Residenzstadt München in seiner Viktualienmarktordnung vom 8. Mai 1903 verfügt. Die Vielfalt des damals behördlich umrissenen Angebotes blieb bis auf den heutigen Tag Kernbestand der zum Verkauf getürmten Viktualien, der Lebensmittel. Freilich wurde das Angebot über seinen einstigen bäuerlich-bayerischen Charakter hinaus beträchtlich erweitert. Im Schatten der Heilig-Geist-Kirche finden sich jetzt Köstlichkeiten aus aller Welt, wobei aber auch Exotisches

Am Rande des Marienplatzes – vor dem Alten Rathaus und seinem wiederaufgebauten Turm

durch das charakteristische Flair des Viktualienmarktes bodenständige Vereinnahmung erfährt.

Die erste malende Annäherung Petra Molls an diesen Markt war nicht leicht. Die Leinwand, die ihr als riesige Fläche, als drohende Leere entgegenblickte, hielt sie bei dreimonatiger harter Arbeit fest. Das Gesamtbild im Kopf der Malerin war längst fertig, millimeterweise aber mußte diese imaginäre Geschlossenheit in Komposition und Farbe umgesetzt werden. Das Ergebnis aber überzeugte. Hatten die Kritiker zuvor von den „märchenhaft vielfältigen Hinterglasmalereien" der Petra Moll gesprochen, so waren Zustimmung und Zuspruch zu den ersten Ölbildern nicht weniger freudig. Und sie waren international: Das erste München-Bild, der Viktualienmarkt, gezeigt bei einer Sonntagsmaler-Ausstellung im Münchner Kunstverein, wurde nach Amerika verkauft. Wer es hat, wo es geblieben ist – Petra Moll weiß es nicht. So ist es ihr aber mit vielen Ihrer Bilder ergangen.

Das Viktualienmarkt-Bild war Petra Molls malerischer Schlüssel zu München. Es sei nicht leicht zu ergründen, weshalb diese Stadt eine so verführerische Wirkung habe, schrieb einst der amerikanische Dichter Thomas Wolfe, für den München „eine Art von deutschem Paradies" war. Petra Moll hat sich diesem Ergründen der Münchner Einmaligkeit immer wieder hingegeben, sie hat immer wieder geschaut, sie hat immer wieder gemalt. Sie hat im Frühling gemalt und im Herbst, im Sommer und im Winter – München als eine Stadt für alle Jahreszeiten gewissermaßen; am Wechsel der Jahreszeiten, der stets auch ein Wechsel des Gesichtes der Stadt ist, konnte Petra Moll, für die München zu einem großen und nie endenden Thema ihrer Kunst geworden ist, nicht vorbeigehen.

So hat sie auch immer wieder den Winter in München gemalt, wie er Gewohntes verändert, Übliches unüblich macht, wie er mit seinem weißen Akzent dem Bild der Stadt eine andere, zusätzliche Dimension gibt. „München lag unter dem Schnee verborgen, und es war dunkel. Doch ich erkannte es, unsichtbar, geruchlos und stumm, an jenen Zeichen, die für die Städte merkwürdiger sind als ihre Hauptstraße, ihre Bavaria oder ihre Feuerwehr", hatte 1922 der französische Dichter Jean Giraudoux notiert, als er nach 15 Jahren zum ersten Mal wieder in die bayerische Landeshauptstadt kam. Kein Wunder also, daß Petra Moll den Spuren des Winters in ihrer Traumstadt immer wieder nachgegangen ist, ob im Englischen Garten, ob am Nymphenburger Kanal, ob – selbstverständlich – am Viktualienmarkt. Winter am Viktualienmarkt – der malerisch-literarische Bogen schlägt sich von selbst. „Es war am 19. Januar Anno 1895 an einem klirrenden, kalten Winterabend. Da erblickte ich das Licht der Welt, inmitten der Münchner Altstadt. Dieses

Winter im Alten Hof, der ersten Residenz der Wittelsbacher in ihrer Hauptstadt München

Im Wechsel der Jahreszeiten: der Münchner Viktualienmarkt

MÜNCHENER-VEREIN
VERSICHERUNGEN
Petra Moll

Licht kam aus einer Petroleumlampe, die qualmte und rußte. Vier Stockwerke über dem Viktualienmarkt, Blumenstraße 4, in einem grauen Mietshaus hörten die Bewohner jäh ein Geschrei durchs Treppenhaus: ‚Beim Schreiner oben, das ist's so weit!' Aber die Hebamme kam zu spät. Sie war auf dem Maskenball des Sterbekassenvereins ‚Fröhlichkeit'. An Lichtmeß wurde ich auf die Namen Ernst Peter August getauft. Es war der kälteste Tag des Jahres, und im Taufbecken war das Wasser eingefroren. Der Mesner sagte: ‚Das bedeutet allerhand'. . ." Der damals in so winterlich-unterkühlter Atmosphäre auf Erden angekommen war, Ernst Hoferichter, wuchs sich im Laufe eines bewegten Lebens zu einem Schriftsteller aus, der, weltweite Sehnsucht wie Liebe zur Heimatstadt gleichermaßen im Herzen, München in seinem Wesen zu durchdringen und besonders liebevoll mit der Feder zu zeichnen wußte.

München im Wort durch Ernst Hoferichter, München im Bild durch Petra Moll – der Zusammenklang aus beidem fügte sich zum ersten Buch mit Bildern der Malerin. Als Hoferichter mit den Mollschen München-Bildern konfrontiert wurde, war sein Urteil knapp und präzis: „Genau das, worauf ich jahrelang gewartet habe." Und sofort war er bereit, die Texte zu den Bildern zu schreiben. „München – Bilder einer fröhlichen Stadt" war der Titel des 1964 erschienenen Buches, das nach mehr als eineinhalb Jahrzehnten immer noch sehr gefragt ist. Aus der Zusammenarbeit, nur auf der Grundlage tiefen menschlichen Verstehens möglich, entstand zwei Jahre später nicht nur ein weiteres Buch, „Bayern – Bilder eines beglückenden Landes", es entwickelte sich auch eine Freundschaft, die bis zum Tode Ernst Hoferichters anhielt. Diese Begegnung hat wesentlich dazu beigetragen, die Beziehungen von Petra Moll zu ihrem München zu erweitern, zu festigen, zu vertiefen. Hoferichter, der so unendlich viel über Menschen wußte, vermochte bei der gemeinsamen Arbeit Hinweise und Anregungen zu geben, Unbekanntes sichtbar, Schwieriges verständlich zu machen.

Die Zeit der Arbeit an ihrem ersten München-Buch war für Petra Moll deshalb eine besonders intensive Periode des Suchens und des Findens: „Ich sah plötzlich so viel Neues, ich blickte hinter Vordergründiges. Meine innere Begegnung mit München wurde so dicht wie nie zuvor. Das Bild dieser Stadt trat mir auf eine neue Art entgegen." Die Leitlinie des nächsten München-Buches begann sich abzuzeichnen, der Titel war Ankündigung und Fazit in einem: „Die schönste Stadt der Welt". Kurt Seeberger, Schriftsteller, München-Kenner und über Jahrzehnte hin mit seiner angestammten Samstagssendung eine gemeindebildende Institution des Bayerischen Rundfunks, schrieb den Text.

An der Grenze zwischen München und Schwabing – das Siegestor

Nach den ersten Begegnungen der Kinder- und Jugendjahre umfaßt die München-Erfahrung von Petra Moll die Stadt der Vorkriegszeit, des Krieges, der schweren Jahre danach, des Wiederaufbaus, der Veränderung, auch der Gefährdung.
Selbst wenn die Kernstücke, die das Gesicht Münchens prägen, unverändert bleiben, Petra Moll ist immer wieder davon überrascht, wie sehr sich doch in den über zwei Jahrzehnten, in denen sie die Stadt in ihrer Breite und Vielfalt im Bild festhält, München verändert hat. Vieles von dem, was sie gemalt hat, gibt es in dieser Form nicht mehr, so daß ihre Bilder auch ein Stück Chronik geworden sind.
Der Viktualienmarkt, der oft gemalte, ist anders geworden, die Trambahn fährt nicht mehr durch das Siegestor, das „Studio 15“ an der Leopoldstraße gibt es längst nicht mehr, der Platz vor dem Hofbräuhaus wurde völlig umgestaltet. So sind die München-Bilder der Malerin Erinnerung und Gegenwart zugleich. In Büchern sind sie festgehalten, auf Ansichtskarten hunderttausendfach in alle Welt verbreitet.

Und wo sind die Originale? Wo sind die Leinwände gelandet, die Petra Moll, liebevoll bis ins letzte Detail, mit ihrer Sicht und Vorstellung von München in froher Farbigkeit gefüllt hat? Weit spannt sich der Bogen der Interessenten, was von der Distanz her am ehesten daran demonstriert werden kann, daß Moll-Bilder von

München in amerikanischen Wohnungen ebenso als Zielpunkt der Sehnsucht hängen wie natürlich in München selbst, wo alteingesessene Familien ihr Haus, ihre Straße im Bild festgehalten wissen wollten. Die Art, wie Petra Moll malt, spricht in ihrer Verständlichkeit, in ihrer spontanen Kraft, in ihrer fröhlichen Lebendigkeit nicht nur eine bestimmte Schicht oder Gruppe von Menschen an. Deshalb ist die Malerin sehr froh darüber, daß ihre Bilder auf dem Wege der Reproduktion – sei es in Büchern und Kalendern, auf Postkarten oder Drucken – jedermann zugänglich sind.

Gehen viele Bilder zu Menschen, die Petra Moll kaum oder auch gar nicht kennt, haben sich zu anderen Liebhabern ihrer Kunst engere Beziehungen entwickelt. Das Zufällige, das Anekdotische spielt dabei eine eigene Rolle. Eines Tages erhielt

Über die Gartenidylle hinweg – Blick auf die Ludwigskirche

Weltstadt im dörflichen Ausschnitt – Turm der Bogenhausener Kirche

Frau Moll einen Anruf aus Krefeld, die Frau eines Bankdirektors war am Apparat: „Ich habe ein Bild von Ihnen gesehen, in Mallorca, und da habe ich erst gedacht, das ist ein Bild von Berlin, dabei war das der Friedensengel in München." Per Telefon kam es dann zu einer Bestellung, Petra Moll malte für die Anruferin den Biergarten des Münchner Hofbräuhauses. Später dann, nach zehn oder noch mehr Jahren, hatte die Künstlerin mit ihrer inzwischen ins Leben gerufenen Malschule eine Ausstellung in Krefeld. Da erst hat sie die Auftraggeberin von einstmals, ihre Familie kennengelernt, ihr Bild wiedergesehen.

Wer überblickt, was Petra Moll an Bildern von München gemalt hat, könnte zu der Frage versucht sein, ob denn die kommenden Jahre noch genug an Motiven hergeben. Für die Künstlerin selbst wäre hierauf eine negative Antwort undenkbar. Die Stadt München ist für sie unausschöpfbar auch deshalb, weil selbst ein mehrfach gemaltes Motiv eine immer neue Herausforderung ist, eine immer neue

In der Theatinerstraße

Odeonsplatz mit Feldherrnhalle, Theatinerkirche und Residenz

Sicht erzwingt, ein immer neues Bild schafft. München als Thema mit unendlichen Variationen, mit Anregungen faszinierender Vielfalt, mit einem Zauber, der keinen Anfang, aber auch keinen Abschluß hat.

Was Petra Moll in München am liebsten malt? Obwohl gilt, daß das Bild, das gerade im Entstehen ist, Vorrang vor anderen hat, gibt es doch Plätze und Stellen, die der Künstlerin in besonderer Weise nahe sind, die von einem menschlichen Maß bestimmt sind, von spürbarer Lebendigkeit, von froher Festlichkeit. Das Aneinanderreihen solcher Orientierungspunkte gibt eine lange Münchner Linie. Da ist, beispielsweise, der Englische Garten mit seinen markanten wie melancholischen Treffpunkten – ob Monopteros-Tempel, ob Chinesischer Turm, ob Karussell. Immer wieder hat sich Petra Moll vom Reiz dieser Punkte einfangen lassen, erlag sie dem Zauber immer wieder dort am leichtesten, wo die Faszination für Kinder besonders wirkt. Im Sommer wie Winter hat sie deshalb das Karussell gemalt, das ein altmodischer Hauch von geölten Bodenbrettern umweht. Nicht modisch-gemachte Pseudo-Nostalgie, die konkrete Begegnung mit einer heilen Kindertraumwelt vergangener Zeit gibt dem auf zwölf hölzernen Säulen ruhenden Bau, um den Musik weht, die man nur noch selten hört, seine eigentümliche Anziehungskraft. Storch und Strauß, Schwan und Steinbock, Lama, Giraffe und Hirsch, Pferde und Kutschen sind aus solidem, lebendigem Holz geschaffen, nicht aus seelenlosem Kunststoff gegossen. Altmodische Farbenpracht läßt die Schimmel strahlen, weißblau leuchten die holzgeschnitzten Federbuschen am Geschirr. Und wer die Kutsche nicht mag, kann umsteigen in zwei prächtige Schlitten. „Schlittenfahren und dazu auch Reiten / Macht Fröhlichkeit zu allen Zeiten" ist auf einem von ihnen zu lesen. Und Fröhlichkeit zu machen durch kunstreiche Farbigkeit betrachtet ja Petra Moll auch als eine ihrer ureigensten Aufgaben.

Da ist, beispielsweise, das festliche München, die feiernde, die sich freuende Stadt. Ob sommerliche Serenade im Brunnenhof der Residenz oder Vorfahrt der Gäste vor dem Nationaltheater, ob die liebenswürdige Geschäftigkeit der Auer Dult um die Maria-Hilf-Kirche oder das Oktoberfest in seiner kräftig-deftigen Fröhlichkeit – Petra Moll hat dies alles gemalt, nicht nur einmal oder zweimal, sondern immer wieder aufs Neue.

Da sind, beispielsweise, jene Plätze, Straßen und Bauten, die das Profil Münchens bestimmen. Ob Hofgarten oder Residenz, ob Alter Hof oder Altes Rathaus, ob Schloß Nymphenburg oder die Blutenburg, ob die Theatinerkirche oder die Ludwigskirche, ob die Bavaria oder die Bogenhausener Kirche – Petra Moll hat die architektonische Vielfalt der Stadt erfaßt und eingefangen, zu der selbstverständlich

Festliches München – Vorfahrt vor dem Nationaltheater

Im Herzen des alten München – der Rindermarkt

auch jener Akzent gehört, den die Frauenkirche mit ihren harmonisch-runden Turmhauben setzt. Der schwäbische Dichter Justinus Kerner antwortete allen, die ihn wegen eines München-Aufenhaltes „in Winters schwerer Zeit“ im vorigen Jahrhundert bedauern wollten, mit dem jubelnden Aufschrei: „Erlösch’ des Himmels Wärm’ und Licht / Hier fühlte man doch Wärm’ und Wonne. / Aus Herzen und aus Bildern bricht / Zu München eine eigene Sonne.“

Diese eigene Sonne bricht auch aus den Bildern der Petra Moll. Die Stadt ist freilich für die Künstlerin mehr als nur ein großes, vielleicht das große Gesamtmotiv ihrer Malerei. München gibt die Luft, aus der sie lebt, das gesellschaftliche Umfeld, das sie mitgestaltet, wo sie kann, den Kreis der Bekannten und Freunde, deren Sorgen und Freuden sie teilt. Das Wort vom Engagement für München ist für Petra Moll keine beiläufige, unverbindliche Redensart. Ihre entschlossene, zupackende Art läßt ein distanziertes und unverbindliches Nebenherleben nicht zu. Als es vor Jahren, das mittlerweile zu höchstem internationalem Ansehen gekommene Deutsche Herzzentrum des Freistaates Bayern an der Münchner Lothstraße war noch in weiter Ferne, darum ging, die Idee einer solchen Spezialklinik zu fördern, in der Öffentlichkeit bekannt zu machen und für Unterstützung zu werben, gehörte Petra Moll zu einem Kreis tatkräftiger Damen, die unablässig am Werk waren. Um nur ein zweites Beispiel zu nehmen: als die markante Spitze der Maria-Hilf-Kirche in der Münchner Vorstadt Au abgebrochen werden mußte, und als wegen Geldmangels der Wiederaufbau dieses charakteristischen architektonischen Zeigefingers unmöglich zu werden schien, war Petra Moll im Verein mit anderen in der Tradition besten Münchner Bürgersinnes mit dabei, Abhilfe zu schaffen: Für einen hübschen Steingut-Bierkrug malte sie die Auer Kirche – mit Spitze; der Verkaufserlös kam einem Sonderfonds zugute.

Der Einsatz für München kommt aus der Liebe zu der Stadt, zum anderen aus einer Jahr für Jahr wachsenden Kenntnis. Der Weg zu dieser sich ständig vertiefenden Begegnung zwischen der Malerin und ihrer Stadt ist ein Fußweg, sind immer wiederholte Spaziergänge. Detailliert hat Petra Moll einmal liebgewordene Übung beschrieben: „Für mich bedeutet Spazierengehen immer, am Sonntagmorgen um halb neun mit dem Skizzenblock aufzubrechen und zwei Stunden lang einen ganz bestimmten Weg durch die Stadt zu machen. Von meiner Wohnung an der Landwehrstraße gehe ich hinüber an die Sendlinger Straße, die am Sonntagmorgen ganz still ist, besuche dann meinen lieben Viktualienmarkt und ein paar hundert Meter weiter den Alten Hof, der jetzt wieder so reizend restauriert wurde. Anschließend komme ich zur Maximilianstraße und wandere hinter der Oper entlang zum Hofgarten. Dort grüßt mich schon die Theatinerkirche, die mein

Im Englischen Garten in fröhlicher Nachbarschaft: das alte Karussell …

. . . und der Chinesische Turm

nächstes Ziel ist, und die ich immer wieder besuche. Weiter geht es durch die Brienner Straße und über den Maximiliansplatz zur Maxburg. Dort spaziere ich ein bißchen im Hof herum und kehre dann über Stachus und Sonnenstraße nach Hause zurück."

Mit diesem Gang, der stellvertretend für andere Fußwege durch die Stadt steht, spricht Petra Moll eine Münchner Notwendigkeit an, die schon viele Kenner und Liebhaber der Stadt erfahren haben. Kurt Seeberger hat sie formuliert: „München ist eine Stadt weither aus der Geschichte, eine Stadt des Mittelalters. Ihr Maßstab ist so angelegt, daß man, um alles Wichtige zu sehen, alles zu Fuß machen kann. Und der Fußgänger ist der geborene Augenmensch. Nur wer herumschlendert, sieht. Und es sieht nur der, der sich etwas anschauen kann. Und wer sich etwas anschauen will, muß stehenbleiben können, wo es ihm gefällt. München mit seiner Architektur der Gebäude, Straßen und Plätze ist gemacht, um einem in die Augen zu springen."

Wird Petra Moll gefragt, worin sie den wesentlichen Unterschied zwischen München und anderen großstädtischen Metropolen sieht, so weiß sie, daß bei ihrer Antwort Wunsch und Wirklichkeit ineinandergehen, daß der Eindruck, den eine Stadt vermittelt, eine zutiefst subjektive Erfahrung ist, daß also der eine Mensch in einer Stadt etwas sieht oder spürt, was für einen anderen nicht wahrnehmbar ist: „München ist für mich deshalb so anders, weil es trotz seiner 1,3 Millionen Einwohner nicht so viel Großstädtisches hat. München hat etwas, ich will nicht sagen Provinzielles, aber etwas Überschaubares, Kleinformatiges, Ursprüngliches behalten – ich könnte mir vorstellen, daß dies in Paris früher ähnlich gewesen ist. Sicher hatte die Stadt München früher eine ganz andere Atmosphäre. Aber ich habe immer den Eindruck, daß trotz aller Hast und Hetze, die unsere Zeit und unser Leben zu ersticken drohen, die Leute in München einfach doch noch ein bißchen langsamer gehen."

Die Künstlerin erlebt es immer wieder, dieses münchnerische Anderssein, nicht nur in und an sich selbst, sondern auch an den Erfahrungen, von denen Nicht-Münchner berichten. Ob am gemütlichen Stammtisch, ob im geselligen Ausklang zu künstlerischen Veranstaltungen, ob bei festlichen Geburtstagen, ob beim schlichten Weißwurstessen – immer wieder hört Petra Moll bei solchen Anlässen von auswärtigen Gästen einen Satz, der sie in ihrer München-Einschätzung nur bestätigen kann: „Das wäre bei uns in dieser Form und in diesem menschlichen Klima nicht möglich gewesen."

Hinter dem Rathaus: Durchblick zur Frauenkirche

Hoch über der Isar: das Maximilianeum, von König Maximilian II. gebaut, heute Sitz des Bayerischen Landtages

Petra Moll glaubt, daß das Miteinander-leben „in unserer Stadt“ doch noch sehr, sehr dominiert, daß nicht nur nebeneinander gelebt wird; daß die Leute nicht so auseinander laufen, daß sie doch nicht ganz so hektisch sind. Sie sieht darin eine besondere münchnerische Ausprägung des Bayerischen. Dazu gehört eine immer wieder bestaunte und oft beschriebene Integrationskraft, die Fähigkeit, Menschen aufzunehmen, anzunehmen, sie seelisch und geistig einzugemeinden: „Wer kommt und dazu eine eigene Bereitschaft mitbringt, wird zum Münchner, auch wenn diese Entwicklung nicht einfach ist und oft recht lange dauert.“ München war schon immer eine offene Stadt, der künstlerische Aufbruch des 19. Jahrhunderts, der Zug der von König Maximilian II. gerufenen „Nordlichter“ in den Süden waren wegweisend. So ist es für Petra Moll nur gute Tradition der bayerischen Hauptstadt, daß die Menschen in dieser Stadt sich wohl fühlen, daß vor allem Künstler Entfaltungsmöglichkeiten finden, die anderswo nicht selbstverständlich sind. Der südlichere Charakter der Stadt gibt mehr Luft zum Atmen, mehr Raum, sich selbst und andere besser verkraften zu können.

Bei solchen Überlegungen spricht Petra Moll eigenes Erleben an, die vielen kleinen Schritte einer immer tiefer reichenden persönlichen und künstlerischen Verwurzelung. Die Malerin ist vorsichtig mit dem Wort Freunschaft, zögert, jemand allzu rasch Freund zu nennen – zu hoch ist der Anspruch, den sie mit diesen Begriffen verbindet. Aber ihr Zusammenwachsen mit München ist immer wieder begleitet und vorangetrieben worden von menschlichen Begegnungen, die mehr waren als flüchtige Bekanntschaften. Unvergeßlich ist ihr da, im Café Annast, das Zusammentreffen mit den Münchner Malern Julius Hüther und Max Heckendorf, Künstlern, deren Ruf schon aus den Vorkriegsjahrzehnten rührte. Wie sie die Malerkollegin in ihren Kreis aufnahmen, wie sie sie teilhaben ließen am Schatz ihrer Erfahrungen und ihrer Kunst – Petra Moll hat dies nie vergessen.

Vergessen hat sie, im Zusammenhang damit, auch etwas anderes nicht, was ihr nicht nur für München, sondern für eine bestimmte deutsche Haltung insgesamt typisch erscheinen will: daß es die Künstler aus der eigenen Stadt, aus dem eigenen Land oft schwerer haben, sich durchzusetzen, anerkannt zu werden, den Platz zu finden, der ihnen zusteht, als Künstler, die aus dem Ausland kommen. Das Kriegsende von 1945 bedeutete nicht nur einen historischen Einschnitt für den politischen und den gesellschaftlichen Bereich. Auch in der Kunst folgten lange Jahre zögernden Neubeginns, was zu einer Unsicherheit im Urteil vieler führte, vor allem in der Beurteilung von Leistung und Arbeit von deutschen Künstlern. Da war es, so erinnert sich Petra Moll im Gespräch immer wieder, einfacher und auch risikolos, auf ausländische Künstler auszuweichen, deren Arbeiten auszustellen oder

Für Petra Moll ein Motiv im Winter wie im Sommer: die Schönheit von Schloß Nymphenburg

Petra Moll

mit lobenden Kritiken zu versehen. Die Malerin glaubt, daß auf diese Weise viele Künstler von Qualität nicht wieder nach oben gekommen sind, eigentlich nie entsprechend beachtet, nie angemessen gewürdigt wurden: „Den Machern des Kulturbetriebes war das alles zu wenig, das hatte zu wenig Namen. Dabei hatten durch die Jahre des Dritten Reiches und des Krieges die deutschen Maler unaufholbare Zeit verloren, Möglichkeiten zur Entwicklung. Nach dem Krieg hat ja kaum einer dieser Künstler überhaupt wieder einen Anschluß gehabt oder gefunden, die eingebüßten zwölf Jahre waren nicht einfach nachzuholen. Dieses Schicksal hat viele getroffen, auch Künstler, die in den Jahren vorher verfolgt waren oder keine Arbeitsmöglichkeit mehr hatten."

Eine andere Seite im Wesen der Petra Moll klingt hier an, auf München bezogen auch sie: eine Stadt verstehen und begreifen lernen im Schicksal ihrer Menschen. Zwangsläufig hat die Malerin vielfältigen Kontakt zu Künstlern aller Art gefunden, gepflegt, in einzelnen Fällen zur Freundschaft weiterentwickelt. Ob der Künstlerkreis der „Seerose" oder der literarisch-kritische Tukan-Kreis oder die Münchner „Traumstadt"-Welt des Dichters Peter Paul Althaus – die Münchner Wurzeln der Petra Moll sind vielfältig und verzweigt, gehen tief. Freundschaftliche und dankbare Erinnerung der Malerin geht zurück an Max Stefl, den zu einer Institution des literarischen Münchens gewordenen Staatsbibliotheksdirektor, der aus schier unerschöflichem Schatz der Erinnerung von persönlichen Begegnungen mit Dichtern und Schriftstellern aus dem München der Vorkriegszeit zu erzählen wußte.

Diese menschlichen Verbindungen haben Petra Moll zu den Künstlergenerationen vor ihr ein besonderes Verhältnis, ein besonderes Verstehen gewinnen lassen – und auch das hat wieder einen besonderen Bezug zu München hergestellt. Karl Wolfskehl hat 1926 in seiner Betrachtung „Das unsterbliche München" über das Isar-Athen des 19. Jahrhunderts und die Wirkung der Stadt auf Kunst und Künstler Aussagen gemacht, die Petra Moll, freilich mit notwendigen zeitgemäßen Veränderungen, im Kern durchaus noch gelten läßt: „Weder durch seine geographische Lage noch seine welthistorische Wichtigkeit ist Münchens einzigartiges Sondergeschick erklärbar, und auch der Wille der Fürsten und Führer, die es vor hundert Jahren aus dem Dunkel hervorhoben, konnte nur Gestalt gewinnen infolge der verborgenen Zusammenhänge, die den Strom deutscher Geistesentwicklung mit Notwendigkeit an diese Stelle lenkten. Die einzelnen Persönlichkeiten, die Gruppen, die Ideen, die Methoden: alles fand hier in irgendeiner Weise oder zu irgendeiner Epoche und Phase seines Werdens eine entscheidende Einwirkung. War München nicht die Geburtsstätte geistiger

Auffahrt zu Münchens fünfter Jahreszeit – Starkbiersaison auf dem Nockherberg

Bewegungen, so wurden diese anderswo entstandenen Keime hier zum Blühen gebracht oder kamen als mehr oder weniger absurder Most hier zum Gären, ihr besonderer Lebensduft entwickelte sich hier, schuf und belebte die Atmosphäre, die München zauberisch umgab; die unnachahmlichen Lebensmöglichkeiten erzeugten für Jugend und Geist eben ‚München', jene begrifflich so schwer zu umfassende und dennoch unserem Gefühl so deutliche, so vertraute Einheit von Werden und Verschwenden, von ewiger Gegenwart, zweckloser Schönheit, Hingabe und Rausch."

München als Idee – Petra Moll ist erfüllt davon. Und sie setzt diese ihre ureigenste Sicht einer Stadt in die Wirklichkeit ihrer Bilder um, Bilder, die sonntägliche Freude versprühen, Bilder, die dem Beschauer unbefrachtet von Problemen und ohne missionierende oder gesellschaftsverändernde Absicht entgegentreten. „Sie blättert in der großen Welt wie in seinem freundlichen Bilderbuch mit dem Glauben an das Gute, an die Richtigkeit der Welt, mit der Liebe zum Kleinsten, mit der Einfalt von Menschen, die im Märchen dieselbe Wahrheit und Wirklichkeit finden wie im Haus des Nachbarn, dessen Kind zu seinem Geburtstag gemalt erscheint", hat vor vielen Jahren einmal eine Kritikerin über die Kunst der Petra Moll geschrieben.

Die Liebe zum Kleinen, das sich in seiner unverwechselbaren Vielfalt zum Großen fügt, zum Ganzen wird – so sieht Petra Moll ihre Stadt München.
Ein München der Freude, ein München der Schönheit, ein München, das leuchtet – und, insbesondere, ein München, das als bestimmendes malerisches Thema unerschöpflich ist.

Rund um die Maria-Hilf-Kirche: die Auer Dult

Petra Moll
TrinKhalle -Br

Was sie will und wie sie malt

Die vergebliche Suche nach der Kategorie

Landläufiges Urteil sucht sich vorgegebene und feste Rubriken, um Menschen und Sachen mühelos einordnen zu können. Künstler und Kunst, von Haus aus eigentlich eher „un-ordentlich“, sehen sich diesem Drang zur ordnenden Festlegung in ganz besonderer Weise ausgesetzt. Eine vorgenommene Einordnung, die vom Publikum als allgemein gültig übernommen wird, erleichtert manchem Zeitgenossen die eigene Meinungsbildung, setzt ihn eher in Stand, mitreden zu können, ohne befürchten zu müssen, als unkundig und nichteingeweiht aufzufallen. So steht auch die Einordnung der Petra Moll weitgehend fest – sie ist eine naive Malerin.

Ist sie das wirklich? Ist das Urteil so ohne Zweifel und Einschränkung zu fällen? Macht man es sich dabei nicht doch zu leicht? Petra Moll selbst sieht sich als einen Grenzfall der naiven Malerei. Das Vordergründige ihrer Bilder, also die menschliche Szene, ist für sie in der Tat rundum naiv, „weil ich das ja auch nicht gelernt habe“. Anders sieht sie das, was den Aufbau ihrer Bilder angeht, die Darstellung einzelner Bauwerke, von Straßenzügen, von Stadtansichten. Hier wirkt das einmal Erlernte und Begriffene nach, hier kommt Petra Moll das zugute, was sie einmal bei ihrer Ausbildung zur technischen Zeichnerin in den sicheren Griff und Strich bekommen hat. Schon deshalb scheut sie davor zurück, sich selbst als naive Malerin zu werten oder sich ohne jeden Widerspruch in diese Kategorie einordnen zu lassen: „Ein echter Naiver ist für mich der Bauernmaler Max Raffler vom Ammersee – ein Mensch, der einen Bleistift genommen und für sich ein Bild gemalt hat, ein Mensch, der nie irgendwie die geringste Vorbildung hatte.“ Ähnlich sieht Petra Moll die Ausgangslage bei den jugoslawischen Naiven, beispielsweise bei Ivan Generalic – der Anfang war reine naive Malerei. Die Generalic-Kinder freilich, die ganze Dynastie, die ganzen jugoslawischen Malschulen haben mit dem Begriff der naiven Malerei, wie Petra Moll ihn versteht, nur noch in Teilen zu tun. Zu perfekt ist hier die vorangegangene Schulung: „Wenn die jugoslawischen Naiven von Ivan Generalic mit seinem Wissen unterrichtet werden, dann ist schon nicht mehr die absolute Freiheit der eigenen Kreativität gegeben, sondern ein bestimmender Einfluß – daß jemand da ist, der sagt, das mußt du grün und das blau machen, wenn der Maler selbst es rot machen will.“

Bei dieser engen Grenzziehung steht Petra Moll der Massenbewegung der „naiven Malerei“ mit einiger Skepsis gegenüber. Wenn die Künstlerin von den Naiven redet, kommt das Gespräch zwangsläufig auf Henri Rousseau, den Beamten beim Pariser Stadtzoll, der 1880 ohne jede Vorbildung in naiv-realistischer Art zu malen begann, sich frühzeitig pensionieren ließ und 1885 zum erstenmal im Salon der Unabhängigen ausstellte – kraftvoll gemalte großformatige Landschaften, Porträts, Volksszenen und exotische Traumgebilde. Auf der einen Seite gilt Rousseau mit seiner lyrisch-poetischen Grundhaltung als Begründer der naiven Kunst in Europa. Auf der anderen Seite, und so sieht ihn auch Petra Moll, geht er mit der Intellektualität seiner Werke, mit seiner Freiheit im Umgang mit der Wirklichkeit, mit seiner Überhöhung in die „Surrealität“ weit über eine Klassifizierung als Naiver hinaus. Wegen dieser Grenz- und Sonderrolle ist für Petra Moll nicht Henri Rousseau der größte der naiven Künstler. Diesen Platz in einer sehr persönlichen Rangordnung nimmt Anna Mary Moses ein, die 1860 geborene amerikanische Farmersfrau, die als 70jährige begann, ihre kleinen und farbenfrohen Landschaftsbilder und ihre Darstellungen ländlich-dörflichen Lebens zu malen. So ist „Grandma“ Moses für Petra Moll von allen naiven Malern die größte schlechthin, ihr Werk absolut naive Malerei.

Vor den Farben Bayerns und Münchens – Trabrennen

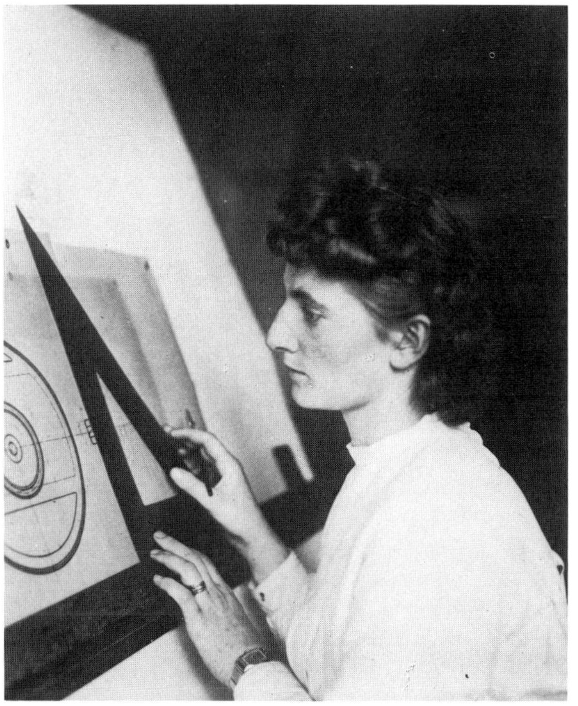

Der berufliche Anfang der Petra Moll – technisches Zeichnen

Petra Moll hat eine Erklärung dafür, warum seit Jahren und schon bald seit Jahrzehnten eine Flut naiver Malerei – wie eng oder weit nun immer dieser Begriff ausgelegt wird – den Kunstmarkt überschwemmt: „Nach der abstrakten Malerei mußte irgendetwas anderes kommen; und dabei ist die naive Kunst mitbenutzt worden, um wieder etwas Neues zu bringen." Für die Künstlerin ist weiterhin klar, daß sich die Menschen nach den entsetzlichen Jahren des Krieges und nach den schweren Jahren der Nachkriegszeit – „eine Periode, die ja auch für mich und meine Arbeit ihre Folgen hatte" – nach einem Stück heiler Welt sehnten, nach einer Insel ohne Probleme. Die Schwierigkeit für unendlich viele Menschen, mit abstrakter Kunst etwas anfangen, eine emotionale Beziehung zu ihr herstellen zu können, sieht Petra Moll als einen weiteren Grund für die „Naiven"-Schwemme der letzten Jahre: „Man war froh, wieder eine gemalte Blume zu haben, die man an die Wand hängen, die man begreifen konnte, die einfach Freude machte." In dieser Verständlichkeit, in dieser Problemlosigkeit ist der Boden zu suchen, aus dem heraus es zu der ungeahnten Naiven-Blüte kam.

Ungetrübte Freude kann eine solche Entwicklung einer Künstlerin wie Petra Moll nicht machen. Manche Galeristen hätten den Versuch unternommen, die naive Malerei zu einer Industrie mit pausenloser Produktion zu entwickeln. Geradezu

Mit fröhlicher Hinterglasmalerei begann es: Fest in den Bergen . . .

. . . und ländliche Hochzeit

einen Demonstrationsfall einer solchen Praxis sieht Petra Moll darin, daß selbst bedeutende Kunsthändler, Kunsthistoriker und Kritiker die naiven jugoslawischen Maler in einer Art und Weise hochgespielt und verbreitet haben, die der Sache der naiven Malerei schaden mußte: „Es wurde nicht nur, materiell gesehen, ein Markt kaputtgemacht, es wurde, was viel schlimmer ist, die herrliche Idee einer bezaubernden Malerei angeschlagen und in Gefahr gebracht." Unbehagen wuchs. Es entstand, gegen die naive Malerei insgesamt gerichtet, eine Abneigung, eine Gegenbewegung, eine Position kritischer Distanz. Das interessierte Publikum ist zurückhaltender geworden, nicht alles, was sich mit dem Beiwort naiv ziert, wird unbesehen gekauft, es scheidet sich die Spreu vom Weizen. Petra Moll begrüßt diese ernüchternde Klärung.

Sie weiß um die enttäuschten Hoffnungen vieler, die in der naiven Malerei ihren Lebensunterhalt sehen und dadurch die materielle Grundlage ihres Daseins sichern wollten. Sie weiß, daß die Spitzentalente rar sind – eine Erfahrung auch aus ihrer Malschule, durch die immerhin rund 500 Teilnehmer gegangen sind.
Nur wenigen von ihnen konnte aufgrund ihrer Begabung ein bißchen der Weg zu Anerkennung und Erfolg geöffnet werden. Die Erwartung des großen Geschäftes, von der manche der Malschüler getrieben waren, hat sich wohl durch die Bank nicht erfüllt. Petra Moll: „Gerade, weil das Feld der naiven Malerei zu eifrig und zu geschäftstüchtig beackert wurde, hat es der Neuling heute so schwer – sogar wenn er talentierter ist als viele, die das von sich meinen und damit optimistische Erwartungen verbinden."

Von dem in der Tat naiven Anfang ihrer Malerei hat Petra Moll oft erzählen müssen: „Es war 1949 – eine lausige Zeit. Wir hatten ein paar wackelige Bauernmöbel erstanden. Und die wollte ich bemalen. Weil es möglichst originalgetreu werden sollte, ging ich mit meinem Mann ins Bayerische Nationalmuseum in München, wo solche Dinge zu sehen sind. Richard schaute dort aber weniger auf die Bauernmalereien als nach schönen alten Hinterglasbildern. Er war von der Leuchtkraft der Farben begeistert. ‚So ein Bild möchte ich auch einmal haben' sagte er. und ich, großspurig genug: ‚Das mal ich Dir.' Ohne eine Ahnung von der Technik zu haben, nahm ich mir zu Hause eine Glasscheibe und Farben und fing an.
Das Ergebnis war enttäuschend. Denn ich hatte nicht bedacht, daß man erst die Details im Vordergrund und erst zum Schluß den Hintergrund malen muß."
Dem mißlungenen ersten folgte ein schon besserer zweiter, diesem ein zufriedenstellender dritter Versuch: Ehemann Richard Moll bekam zu Weihnachten ein strahlendes Hinterglasbild, heute im Hause Moll noch hoch in Ehren gehalten.

Die Malerin und ihr Werk – kurfürstlich-bayerische Schlösserpracht in Schleißheim bei München

Dem naiven Start folgten Jahre der Erfahrung, der Aneignung der perfekten Technik der Hinterglasmalerei. Das angeborene Gespür für Farben und ihre Zuordnung zueinander traf sich mit der Fähigkeit zu sicherer Komposition eines Bildes. Alles floß zusammen in farbenfroher Harmonie, entwickelte sich zu einer unverkennbaren künstlerischen Handschrift, zur Kunst der Petra Moll. Dem ersten Lernprozeß folgte der zweite, die Hinwendung zur Ölmalerei, für die Künstlerin ein völliger Neuanfang. Die Genauigkeit ihrer Arbeit, der durchdachte Aufbau ihrer Bilder, das ständige selbstkritische Befragen, weil die kleine Glasscheibe der großen Leinwand – durchaus bis zu Formaten von 120 mal 60 Zentimetern – weichen mußte, dies erklärt, warum am ersten Ölbild drei Monate gemalt wurde. Und auch heute noch sitzt Petra Moll bis zu zwei Monaten hinter der Staffelei, bis sie ein Ölbild zum glücklichen Ende gebracht hat.

Zögert die Malerin, wenn sie sich unter die Naiven einordnen lassen soll, so wird die Reaktion völlig anders, wenn sie auf die Kunst der Ansicht, der Vedute angesprochen wird. Das Bild von Städten und Dörfern, von Schlössern und Kirchen, von Straßen und Landschaften festzuhalten, darin sieht sie ihre eigentliche Berufung, ihre Stärke, ihre besondere Begabung. Sie will es keineswegs als Vergleich oder gar als ein Gütezeichen ihrer Kunst verstanden wissen, sondern nur als einen Orientierungspunkt für ihr künstlerisches Selbstverständnis, wenn sie auf Canaletto hinweist, den großen venezianischen Vedutenmaler des 18. Jahrhunderts, der nicht nur mit Ansichten seiner Vaterstadt, sondern mit Veduten aus ganz Europa berühmt wurde. So wie der Venezianer haben unzählige Maler ihre Aufgabe darin gesehen, das Bild ihrer Zeit in seinen Städten und Landschaften festzuhalten. Wenn Petra Moll heute in das Münchner Stadtmuseum geht, wenn sie sieht, wie vielfältig die malerische Bestandsaufnahme der Stadt ist, was es alles gegeben hat und was alles gemalt wurde – dort erkennt sie ihren Anknüpfungspunkt.

Wenn ihr entgegengehalten wird, heute sei doch eine andere Zeit, heute könne man solche Ansichten genau so gut fotografieren, wird die Malerin energisch: „So wie ich das male, kann man gar nicht fotografieren. Wir haben das bei Aufnahmen mit dem Fernsehen durchexerziert. Da wollten die Kameraleute so filmen, wie ich einen bestimmten Platz auf einem Bild gemalt hatte. Der Versuch erwies sich als undurchführbar. Ich sehe die Wirklichkeit, die ich dann malerisch umsetze, nicht als Fotografie, sondern von oben, als fertiges Bild.“ Das großformatige Bild von Schloß Schleißheim bei München steht für die Art ihrer Sicht als Beispiel: „Ich habe einen riesigen Vordergrund, und dahinter steht erst das, was das Gebäude, was den Abschluß des Bildes ausmacht.“

Unter Stiefmütterchen und Nelken zweimal München: Schloß Nymphenburg und Marienplatz

Petra Moll hat in ihrer langen Künstlerlaufbahn viele Bilder gemalt. Gibt es Motive, die sie lieber malt als andere, was malt sie überhaupt am liebsten? Die Anwort muß vielschichtig ausfallen: „Jedes Bild ist anders und jedes Bild ist ein Stück von mir." Das Annehmen des Motives durch die Malerin aber ist in jedem Fall notwendig, um die Freude aufkommen zu lassen, ohne die Petra Moll nicht malen kann. Als von besonders spontaner Harmonie geprägt erinnert sich die Künstlerin an ihre Begegnung mit der Kirche in Dießen am Ammersee. Sie war damals mit ihrem Verleger unterwegs, um weitere Motive für ein Bayernbuch zu suchen, und hatte an diesem Tag zahlreiche Dörfer und Kirchen angeschaut. Es war schon ein ziemlich später und grauer Nachmittag, im späten Februar, zur Faschingszeit, die Dämmerung zog ganz sacht herauf und es lag noch ein bißchen Schnee. Da kam Dießen und die Entscheidung war gefallen: „Alles, was ich bis dahin gesehen hatte, war nichts zu dem, was ich da sah." Die Kirche von Dießen wurde gemalt, und Petra Moll, die sonst sehr vorsichtig ist beim Beurteilen der eigenen Bilder, war voll und ganz zufrieden: „Dieses Bild ist einfach so geworden, wie ich es wollte, in der Farbe, im Himmel, im Schnee."

Diese völlige Übereinstimmung mit einem Motiv, dieses Wissen, daß etwas gemalt und wie etwas gemalt werden muß – von dieser für sie notwendigen Stimmung wird Petra Moll immer wieder erfaßt. Das war so, als sie ihr erstes Bild vom Münchner Viktualienmarkt malte: „Bevor ich zu malen anfing, wußte ich genau, wie das Bild aussehen wird, weil es einfach so aussehen muß." Dieses Gefühl, ein Bild des Motives halber einfach malen zu müssen, weil man sonst nicht darüber hinwegkommt, ist grenzenlos – es kann vor der kleinen Liebenswürdigkeit Münchner Marktgeschehens ebenso beherrschend werden wie vor der Pracht eines Schlosses an der Loire.

Ansichten sind sehr viel in der Kunst der Petra Moll, aber sie sind nicht alles. Die Liebe, die sie zu Blumenbildern hat, steht indessen in umgekehrtem Verhältnis zu der Zeit, die sie dafür noch aufbringen kann. Dennoch, immer wieder entsteht, private Atempause gewissermaßen, ein Blumenmotiv, mit Stiefmütterchen zumal, der Lieblingsblume – luftholende Abwechslung, die die Künstlerin braucht, ehe es wieder an die großen Bilder geht, die das Land und seine Städte zeigen.

Die Kirche von Dießen am Ammersee – ein Bild, das Petra Moll besonders liebt

Petra Moll

Riesenrad auf dem Münchner Oktoberfest

Petra Moll ist sich der Gefahr bewußt, die darin liegt, daß sie immer wieder Ansichten malt, daß sie auch das gleiche Grundmotiv des öfteren wiederholt. Aber selbst wenn sie den Viktualienmarkt das fünfte oder das sechste Mal auf ihren Bildern festhält: „Der wird immer wieder anders, weil er immer wieder anders ist, hier rückt ein neuer Turm ins Bild, dort ist Fußgängerzone, wo früher Autos fuhren, da stehen plötzlich blaue Tische, an denen man Brotzeit macht. So ergibt sich immer wieder ein gänzlich anderes Bild." Je stärker die Faszination eines Motives auf die Malerin wirkt, um so unbegrenzter ist die Vielfalt, die dazu reizt, gerade dieses Bild immer wieder zu malen. Was deshalb auf den ersten Blick wie die Wiederholung von „Standard-Themen" aussehen könnte, ist in Wirklichkeit stets ein neues schöpferisches Kunstwerk. Vor allem gilt dies für Münchner Motive. Aber allein jahreszeitlicher Wechsel von Licht und Farbe sorgt für ständige Veränderung des gleichen Motivs.

Schon frühzeitig ist an Petra Moll der Wunsch herangetragen worden, auf Auftrag ein Bild zu malen. Ist das dann schwieriger als wenn sie selbst das Motiv sucht? Ohne innere Übereinstimmung, bei distanzierter Fremdheit geht es nicht – einen Auftrag kann die Künstlerin erst dann annehmen, wenn sie das gewünschte Motiv gesehen und erfaßt, einen Zugang zu ihm gefunden hat. Wenn jemand seine Straße mit seinem Haus gemalt haben will, dann muß sich dieser Punkt erst zur malerischen Idee entfalten: „Eine Fassade, vor der nichts passiert, bei der auch oben oder rechts und links nichts passiert, kann ich einfach nicht malen. Dann muß ich eben nein sagen." Seelische Schranken und gedankliche Zwänge – „immer die Überlegung im Kopf, was sich der Auftraggeber wohl erwartet und wie er sein Motiv sieht" – wären der Stimmungslage, die Petra Moll zum Malen braucht, abträglich und hinderlich, müßten zwangsläufig zu einem Bild führen, das, selbst wenn es dem Auftraggeber gefallen könnte, den eigenen Qualitätsansprüchen nicht genügt. Das Malen nach einem Auftrag könnte also nie die Regel sein, sondern stets nur die Ausnahme – wobei zu sagen ist, daß die Ausnahme dort, wo sie bisher bildhaften Niederschlag gefunden hat, beide, Kunden wie Künstler, zufriedengestellt hat.

Als Petra Moll einst vom Hinterglas- zum Ölbild wechselte, hatte dies einen eher äußerlichen Anstoß. Ein Galerist sagte ihr: „Malen Sie doch in Öl, wenn ich Ihre Hinterglasbilder verkaufe und die fallen herunter, dann sind sie kaputt." Dennoch, die Faszination der Hinterglasmalerei hat die Künstlerin nie wieder losgelassen, immer wieder kommt sie auf diese ihre Anfänge zurück. Insgesamt aber empfindet sie das Malen mit Ölfarben und auf der Leinwand als einfacher, allein schon wegen der Möglichkeit der Korrektur, der ständigen Verbesserung.

Beim Hinterglasbild, das von vorne nach hinten aufgebaut werden muß, ist die vorgegebene Bindung enger, was freilich für Petra Moll deshalb keine Schwierigkeiten bereitet, weil sie ja von vorneherein weiß, was sie will, und wie ihr Bild aussehen wird. Dennoch hält Petra Moll die Hinterglasmalerei für ein wichtiges Fundament ihres Malens mit Öl. Der genaue Umgang mit der Farbe und der übersichtlich gegliederte Aufbau ihrer Bilder kennzeichnet durchgehend, ob auf Glas oder auf Leinwand, das Werk der Künstlerin.

Einen wesentlichen Unterschied gibt es zwischen den Bildern und der Malerin. Während erstere, ob in Hinterglastechnik oder mit Ölfarbe gemalt, in Rahmen passen, fällt es schwer, die Künstlerin Petra Moll in den festen Rahmen einer bestimmten Kunstkategorie zu stellen. Das Naive trifft auf jeden Fall nur einen Teilaspekt. Aber auch wenn Petra Moll in die Gruppe der naiven Maler eingeordnet wird, macht ihr das nichts aus. Für sie ist wesentlich, daß den Menschen ihre Bilder gefallen, daß sie selbst mit ihrer Leistung zufrieden ist, mit ihrer Kunst in Einklang steht. Es widerspräche dem Naturell der Malerin, sich über die Einordnung der eigenen Person in gängige Rubriken des Kunstbetriebes selbstquälerisch den Kopf zu zerbrechen. Ihrer Sache und ihrer Kunst sicher, weiß Petra Moll, wo sie steht: „Ich bin ich und meine Bilder sind ein Stück von mir.“

Farbtupfer im Stadtbild – Blumenstand in München

Petra Moll
67

Das Fenster zum Hof

Der Arbeitsplatz am Münchner Stachus

Was als Hobby für den Privatgebrauch der Familie begonnen und sich im Lauf der Jahre zum künstlerischen Beruf ausgewachsen hatte, verlangte nach mehr Platz als ihn die relativ kleine Wohnung in der Landwehrstraße in München bieten konnte. Mit dem Malzeug auf ständiger Wanderschaft zwischen Küche und Wohnzimmer sein zu müssen, war zudem der notwendigen Ruhe und Konzentration nicht förderlich und auch dem Familienleben nicht dienlich. Sohn Christian, der aus dem Kinderwagen, wuchs heran und brauchte Platz, um seine eigene Welt zu entfalten. Die Suche nach dem Atelier begann.

Der Zufall kam zu Hilfe, begünstigt freilich durch die zupackende und direkte Art, mit der Petra Moll Probleme anzugehen und anzusprechen weiß. Eine Münchner Zeitung veranstaltete für ihre Silvesterausgabe eine Umfrage bei Prominenten: „Was wünschen Sie sich für das nächste Jahr?“ Die Künstlerin begnügte sich nicht mit einer formell-unverbindlichen Antwort, sondern sagte frank und frei heraus, was sie sich wirklich wünschte: „Ein Atelier im Karlstor, mit gehißter bayerischer Fahne und den Filserbuam als Leibgarde!“ Die „Filserbuam“, eine bodenständige Münchner Gesellschaft zur Pflege bayerischer Gemütlichkeit, traten zwar nicht zur Wache an, acht Tage später aber bekam Petra Moll überraschende und erfreuliche Post. Man habe in der Zeitung von ihrem Atelier-Wunsch gelesen, könne zwar nicht mit dem Karlstor dienen, aber mit zwei Zimmern in unmittelbarer Nähe davon, Adresse ebenfalls: Stachus – Karlsplatz. Dieser Brief führte einen entscheidenden Schritt weiter. Es kam zwar nicht zur Anmietung der angebotenen Wohnung, wohl aber stieß Petra Moll im gleichen Hinterhaus-Gebäudekomplex auf zwei andere für sie und ihre Malerei geeignete Räume. Der Mietvertrag mit dem Hausbesitzer kam zustande – und jetzt, nach mehr als einem Jahrzehnt, könnte sich die Malerin ohne ihr Atelier, das zum wesentlichen Refugium für ihre Kunst geworden ist, zum Platz des Denkens und des Arbeitens, ihr Malen gar nicht mehr vorstellen.

Dabei ist ihr seinerzeit der Teilauszug aus der Privatwohnung nicht unbedingt leicht gefallen. Viele Jahre glaubte Petra Moll, das familiäre Umfeld bei ihrer Malerei nicht missen zu können. Trotz mancher Stoßseufzer über klingelnde Briefträger, emsige Putzfrauen und allzu hartnäckige Besucher stand die Familie allen Umzugsplänen in ein eigenes Atelier zweifelnd gegenüber. Auch Ehemann Richard Moll war skeptisch: „Ich bin gespannt, wie lange Du da rübergehst." Aber es kam anders. Die vollständige Gewöhnung an die neue Umwelt vollzog sich in wenigen Tagen, was zuerst den Charakter eines Wagnisses gehabt hatte, wurde zur Unentbehrlichkeit. Petra Moll hatte, im Herzen Münchens, ihre eigene Mal-Welt gefunden: „Vom ersten Tag an habe ich mir gesagt: so, jetzt mache ich die Türe zu, jetzt bin ich ich. Ich war weg von den alltäglichen Dingen, konnte mich ungestört auf mich und meine Kunst besinnen. Die geistige und künstlerische Inbesitznahme des Ateliers war perfekt."

Nicht jedermann findet Petra Moll an ihrer Stachus-Adresse, was durchaus den Wünschen der Malerin entspricht. Das vorherige Gespräch ist notwendig. „Atelier" steht auf dem Schild unter dem Klingelknopf, kein Name, nichts weiter. Steil windet sich die Treppe nach oben, Kleinkredite gibt es im ersten Stock. In der zweiten Etage dann öffnet sich die Tür, Petra Moll erwartet ihre Gäste, läßt sie ein in ihre Welt. Daß nur wenige Meter entfernt ein unablässiger Autostrom über den Stachus rauscht, der gerne als der verkehrsreichste Platz Europas bezeichnet wird, ist kaum mehr vorstellbar.

Petra Moll müßte nicht sie selbst sein, wäre ihr Atelier nicht mehr als ein nüchterner Arbeitsplatz. Die beiden Räume tragen von ihrer Ausstattung her eine ganz spezifische Mollsche Handschrift, sind nicht sachlich-kühle Zimmer, sondern lebendige künstlerische Herzkammern. Die Wände des vorderen Raumes – dahinter liegt das eigentliche Atelier – haben etwas von den Jahresringen eines Baumes an sich: Spuren des Lebens haben sich an ihnen niedergeschlagen, Widmungen von Freunden aus Kunst und Politik, vielfältige Fotografien von Festen und Geselligkeiten, Porträtzeichnungen, Karikaturen zumeist, die Künstler von der Kollegin Petra Moll angefertigt haben. Beherrschendes Möbel in diesem Raum ein altmodisches Sofa aus Großmutters Zeiten, Tisch und Stühle aus derselben Epoche, nicht weniger reich an Jahren das altmodische Küchenbüffet, der Schrank angefüllt mit Kuriositäten aller Art, Nippes-Figuren, Porzellanengel zumeist. Die Post stapelt sich auf einem Stehpult, das Plakat an der Türe weist auf den Einsatz bei der Aktion zur Rettung der Auer Kirchturmspitze hin. An den Wänden auch Zeugnisse frühester Malerei der Künstlerin, ihr erstes Hinterglasbild beispielsweise, daneben Familienfotos, Erinnerungsstücke an Besuche, Begegnungen. Häufig in Gang die Kaffeemaschine, das Produkt daraus aus alten Tassen auf altmodisch bestickter Tischdecke serviert.

Im Atelier am Münchner Stachus:
die Mal-Welt der Petra Moll

Trotz farbloser Hinterhof-Perspektive . . .

Petra Moll ist sich sicher, daß ohne ihr Atelier ihre Kunst von der Qualität, aber auch von der Anzahl der in vielen Jahren gemalten Bilder her nicht die Entwicklung genommen hätte, die sie genommen hat. Sie hätte sicherlich viele Dinge nicht getan, weil diese dann zu sehr in den Familienkreis hineingereicht, dort auch gestört hätten: „Ich hätte da meine Mal-Welt aufgebaut, mitten in der Familie, und ein Bereich – und beide Dinge sind für mich wichtig, meine Familie und meine Kunst – hätten darunter gelitten." Wichtig war für Petra Moll auch, mit ihrem Atelier einen Platz gefunden zu haben, in dem ohne Belastung für die Familie Gespräche, Begegnungen, Besuche möglich waren. War es doch vordem durchaus üblich, daß sich Besucher in der Privatwohnung allzu ungeniert umtaten: „Da sind Leute in die Wohnung gekommen, die haben die Schlafzimmertüre aufgemacht – ah, da schläft die Künstlerin –, wer ist denn das auf dem Foto, ist das der Herr Moll? Essen Sie in der Küche oder im Wohnzimmer? So ging das in vielen Fällen, und das war einfach alles nicht mehr machbar. Man mußte trennen."

. . . farbenfrohe Malerei: Lola Montez und König Ludwig I. von Bayern

Das eigentliche Atelier schließt sich dem kleineren Vorzimmer mit dem Sofa an – die Abgeschiedenheit von der Außenwelt könnte mitten in München kaum perfekter sein. Zwei Fenster gehen auf einen kahlen Hinterhof, der Blick fällt auf eine ocker-graue Wand, geteilt nur durch Feuerleiter und Dachrinne. Um den Himmel zu sehen, bedarf es weiten Hinauslehnens. Die Farbigkeit, sonst ein bestimmendes Wesenselement in der Person und in der Kunst von Petra Moll, ist beim Blick durch diese Fenster nicht zu erspüren oder gar zu sehen. Um so farbiger ist das Atelier selbst: das angefangene Bild auf der Staffelei, die mit eigenen Motiven bedruckten Krüge auf den Schränken, die Wände voller Bilder, solche, die noch verkauft werden, und solche, von denen sich die Malerin einfach nicht trennen kann, über allem der intensive Geruch der Farben. Die eintönige Wand gegenüber versinkt, wenn Petra Moll zu ihren Pinseln greift.
Die innere Vorstellungskraft setzt sich über die konkrete Umwelt vor den Fenstern hinweg, auch darüber, daß die Lichtverhältnisse beim Malen nicht bis ins letzte

Petra Moll

optimal sind. Das fertige Bild in sich – Petra Moll sieht es immer wieder: „Das ist das Gute für mich, das, was ich immer wieder sage: ich weiß genau, wie mein Bild ausschauen wird." Freilich, diesem Schauen geht – wenn die Begegnung nicht von solch blitzartiger Spontaneität war wie beispielsweise bei der Kirche von Dießen – eine Zeit der Findung, der Unruhe voraus. Die Malerin nennt dies ihre „künstlerische Gebärzeit", sie ist für ihre Mitmenschen abwesend, auch launisch, wie sie einräumt: „Da hat es der Herr Moll nicht leicht mit mir in dieser Zeit." Und plötzlich sieht sie ihr Bild vor sich: „ Dann hab ich es, dann weiß ich es, ich spüre, wie farbig es für mich sein soll, wieviel Rot ich nehme und wieviel Grün." An diesem im Innern gesehenen Bild gibt es dann bei der konkreten Ausführung keine großen Veränderungen mehr, es sind nur noch ganz kleine Nuancen des Anderswerdens möglich.

Joseph von Eichendorff hat einst den Morgen besungen, hat ihn als „unsere Zeit" gerühmt – zu welchen Stunden des Tages malt Petra Moll? Die Eichendorff-Nähe ist eher platonischer Natur – sicherlich, oft des Nachts, wenn sie um drei Uhr aufwacht, würde sie am liebsten ins Atelier gehen – die Wohnung in der Landwehrstraße liegt in bequemer Fußgängernähe – um an einem Bild, das sie auf der Staffelei weiß, weiter zu malen. In Wirklichkeit aber ist es so, daß, wenn Malen auf dem Programm steht, und dies ist eigentlich ein Progamm ohne große Pausen, der Vormittag dem Nachdenken, der Sammlung gehört: „Wenn ich rüberkomme ins Atelier, gehe ich nicht sofort an die Staffelei. Die Vormittagsstunden brauche ich, um mich vorzubereiten." Am frühen Nachmittag dann beginnt das Malen. Jahrelang war die Malerin von eins bis Abends um neun an ihrer Staffelei, in konzentriertester Arbeit, unterbrochen nur vom Kaffeekochen. Jetzt malt Petra Moll rund fünf Stunden je Tag, intensiv, ins Motiv versenkt, Pinsel und Farbe ausgeliefert. Und wenn sie aufsteht, von der Staffelei zurücktritt, auf die Arbeit eines Tages blickt, sieht sie nicht auf hurtig eilenden, großflächigen Fortschritt zurück: „In fünf Stunden passiert nicht so viel auf einem meiner Bilder." Die Konsequenz: es muß die Arbeit schon sehr gut von der Hand gehen, wenn einmal ein Bild in vier Wochen fertig sein soll, im allgemeinen dauert es sechs, auch acht Wochen, im Einzelfall noch länger.

Die Vermutung des Laien, daß mit der Erfahrung der Jahre und durch die damit gewonnene größere Routine schneller gearbeitet werden könnte als in der Zeit des Anfangs, weist Petra Moll zurück: „Es wird nicht nur nicht weniger, es wird

Olympische Traumkomposition: Staffellauf vor Bavaria und Ruhmeshalle

eigentlich immer mehr Zeit." Der Grund: Petra Moll wurde mit den Jahren sich selbst und ihrer Kunst gegenüber immer kritischer, was mit dem strengen Maßstab zusammenhängt, der an die eigenen Bilder angelegt wird. Mit manchem, was sie früher gemalt hat, wäre sie heute nicht mehr einverstanden.

Die entwaffnende Unbekümmertheit früherer Jahre, unterstützt durch fehlende Erfahrung, akzeptierte auch Bilder, die heute vor der eigenen Kritik in dieser Form nicht mehr ohne Tadel bestehen könnten. Die Entwicklung, die Petra Moll in ihrer Kunst genommen hat, führt dann dazu, daß manche Kenner und Liebhaber ihrer Bilder heute zu ihr sagen, sie könne garnicht mehr so einfach wie früher malen. Die Künstlerin gibt das zu: „Du gewinnst, wie in jedem anderen Beruf auch. Du erarbeitest Dir eine andere Beziehung zur Farbe, du willst es besser machen, du willst es schöner machen." Auch wenn sie heute manches an Bildern aus früheren Jahren anders, präziser malen würde, wenn sie im Spiel mit den Farben andere Akzente setzen würde, so sieht sie bei diesem Blick zurück – ein Blick ohne jeden Zorn und ohne jede mäkelnde Besserwisserei – doch eine Reihe von Bildern, an denen sie, selbst wenn sie es könnte, keinen Pinselstrich ändern würde. Ein Bild des französischen Loire-Schlosses Chambord, des architektonischen Wunderwerks König Franz I., im 16. Jahrhundert gebaut, stellt sie als Beispiel für viele in diese Reihe. Und nicht selten kommen Petra Moll, die gegen sich und andere gleichermaßen offen zu sein pflegt, sogar gegenläufige Überlegungen in den Sinn: „Daß ich mir oft denke: da hattest du noch viel Zeit und viel Muße und warst eigentlich unbeeinflußt von vielen Dingen, die später doch an dich herangetreten sind, Dingen, denen man nicht ausweichen kann, in keinem Beruf."

Unmittelbar am Stachus – münchnerischer könnte die Lage des Mollschen Ateliers wirklich nicht sein. Im Umgriff, zu Fuß zu erreichen, liegt der Kern der Stadt, liegen die Straßen und Plätze, durch die und über die Petra Moll immer wieder geht, die sie immer wieder malt. Für sie ist diese geographische Situierung ihres Arbeitsplatzes die Traumlage in einer Traumstadt. Sie braucht den Kontakt mit dem kräftig pulsierenden Leben in der Stadt, sie stimmt nicht in die üblichen Klagelieder von Streß und Hetze ein. Sie braucht den Kontakt zu den Menschen – und die genauen Betrachter der Bilder von Petra Moll wissen, daß sich unter den von ihr gemalten Menschen immer wieder solche finden, die sich berühren, die den anderen an der Hand führen, den Arm um die Schulter legen, ihn stützen und führen. Diese festgehaltene Zuwendung zum Mitmenschen ist geradezu zu einem Kennzeichen aller Bilder der Petra Moll geworden. Und dieser menschliche Aspekt geht für sie im großstädtischen Treiben nicht verloren, in München nicht und nicht anderswo.

Münchner Geselligkeit im Biergarten

Petra Moll könnte sich ein Wohnen und Arbeiten irgendwo am Stadtrand nicht vorstellen, ebenso wenig allerdings ein ausschließliches Dasein auf dem Mollschen Bauernhof im Chiemgau, obwohl sie ihn überschwenglich liebt. Stadtluft erst macht die Künstlerin frei, frei zum Arbeiten. So zielen auch Urlaubs- und Reisewünsche nicht in absolute ländliche Stille oder an einen überlaufenen Strand, sondern sie gehen nach anderen großen Städten, nach London oder Florenz, nach Rom oder Paris. Zwei Wochen in einer dieser Städte, mittendrin, das kann sich Petra Moll vorstellen, aber nicht zwei oder gar vier Wochen am Strand von Teneriffa, damit beschäftigt, sich die Sonne auf die Haut brennen zu lassen. Das Bedürfnis, irgendwo hinzufahren und dann in einer Landschaft spazierenzugehen, wo nur Bäume sind oder Wiesen, ist für die Malerin keine beruhigende, sondern eine aufregende Vorstellung: „Ich muß eigentlich immer wieder eine Stadt sehen, spüren, erleben. Wenn ich eine Woche irgendwo bin, wo nicht Stadt ist, langt mir das in die Haut hinein. Meine Anregungen kommen immer wieder aus der Stadt. Mich beruhigt die Stadt irgendwie."

Daß der Idealfall ihres Münchner Ateliers zu dieser so ausgeprägten Stadt-Beziehung beigetragen hat, bestreitet Petra Moll nicht. Das Atelier selbst ist schon von seiner Lage her der ideale Treffpunkt für Begegnungen mit Freunden und Bekannten, mit Kritikern und Kollegen, mit Kunstliebhabern und Käufern. Wer ihre Bilder sehen oder kaufen will, für den ist das Atelier obligatorische Anlaufstation. Nach Petra Molls Beobachtungen ist die Reaktion aller Besucher, wenn diese nach Ersteigung der linoleumbelegten Treppe, die Schwelle zu ihrem Reich überschreiten, dieselbe: „Ein jeder kommt zur Tür herein und sagt: hier riecht es gut, hier riecht es nach Farbe, hier wird ja wirklich gearbeitet." Und die Besucher schauen sich um und kommen, jeder für sich und alle gemeinsam zum gleichen Ergebnis: „Also wirklich, es könnte gar nicht anders sein." Und alle meinen in besorgter Anteilnahme ebenso übereinstimmend, daß die Malerin mit ihren Atelierfenstern zum Hinterhof kein besonderes Licht habe. Petra Moll reagiert gelassen: „Ich habe mich an das Licht gewöhnt. Und was ist das gegen diese Lage, dieses Hinterhaus, diese Ruhe – eine Spitzweg-Idylle, wenn man so will."

Aufbruch zur Jagd

Von München nach Bayern

Auf den Spuren König Ludwig II.

Wie München nicht ohne das ganze Bayern denkbar ist, so undenkbar wäre es, daß die Kunst der Petra Moll, was ihre Motive betrifft, an den Stadtgrenzen ihr Ende gefunden hätte. Der Ausgriff aufs bayerische Land war der Malerin vorgezeichnet. „Näher und ferner ist die Münchner Stadt von einem paradiesischen Kranz begrenzt und umrahmt von Bergen, Seen, Kirchen und königlichen Schlössern. An Tagen, da der launenhafte Föhn aus dem Süden weht, werden die Alpen für das Auge noch näher, als es in Kilometern im Fahrplan steht", hatte Ernst Hoferichter in seinem Text zu den Moll-Bildern in dem Buch „Bayern – Bilder eines beglückenden Landes" einst geschrieben. Daß dieses Land um München den farbenfrohen Sinn von Petra Moll reizen mußte, lag in guter Münchner Maler-Tradition nahe – von Bayerns Hauptstadt aus brachen die Künstler des vorigen Jahrhunderts, Leinwand, Farbe und Pinsel im Rucksack, die Staffelei über der Schulter, auf, die bayerische Landschaft zu entdecken.

Eine der Markierungslinien, auf denen Petra Moll sich ins Land bewegte, hatte Bayerns Traumkönig Ludwig II. vorgezeichnet. Noch lange bevor die König-Ludwig-Mode unserer Tage ihre oftmals absurden und auch nicht selten geschmacklosen Blüten trieb, war Petra Moll von dem rätselhaften Leben und Sterben dieses Monarchen, der in das falsche Jahrhundert hineingeboren schien, fasziniert worden. Den Platz der Geburt des zweiten Ludwig hat Petra Moll immer wieder gemalt, im Sommer und Winter: Schloß Nymphenburg. „Ludwig Friedrich Wilhelm wurde am Montag, den 25. August früh 12½ Uhr zu Nymphenburg geboren, über dem Schlafzimmer, in welchem Max Joseph I. starb. König Ludwig I., der dabei war, war hocherfreut, den Enkel an seinem Geburtstage und in der selben Stunde, in welcher er einst geboren ward, geboren werden zu sehen", trug Bayerns Kronprinzessin Marie, die aus Preußen stammte, in die Familienchronik ein. Und der Vater, der spätere König Maximilian II., notierte voller Freude: „Der Augenblick, wo das Kind den ersten Schrei that, war ein herrlicher."

Daß Ludwig II. in Nymphenburg geboren wurde, wissen wohl die wenigsten der Besucher, die zu Zehntausenden Jahr für Jahr durch Schloß und Park strömen –

Bayerischer Königstraum: Ludwig II.

an den geheimnisumwitterten König denken sie hier am ehesten dann, wenn sie im Marstallmuseum neben Kutschen und Krönungswagen auch jenen prunkvoll vergoldeten Prachtschlitten sehen, mit dem sich Ludwig II., von fackeltragenden Reitern begleitet, des Nachts durchs bayerische Oberland fahren ließ.
Petra Moll hat den König natürlich auch gemalt, als Ganzporträt, die Lohengrin-Partitur in der einen, eine Blume in der anderen Hand, melancholisch-verhangen der Blick. Und sie hat jenen Platz gemalt, der an das tragische Ende des Königs erinnert, die Gedächtniskapelle in Berg am Starnberger See, errichtet an der Stelle, wo Ludwig II., im seichten Wasser noch, den Tod gefunden hat. „Alles überragt das Leben und der Mythos um den Märchenkönig Ludwig II. Sein tragisches Ende zieht in imaginären grauschwarzen Gewitterwolken über den See hin und verdunkelt ein Teilstück seiner Sonnenhaftigkeit. Namen wie Bismarck, Roseninsel, Kaiserin Elisabeth und Possenhofen, König Max II. tauchen auf. Wenn die Schiffe von Starnberg aus sich dem Ostufer nähern, dann neigen sich die vollbesetzten Dampfer bedenklich gegen die Station Berg zu. Alle Gäste drängen danach, das Kreuz im Wasser und die Gedächniskapelle zu erschauen, die daran erinnern, daß an dieser Stelle König Ludwig II. an der Seite des Irrenarztes Dr. Gudden den Tod fand. Und seit diesem 13. Juni 1886 hat das Schicksal die verhüllenden Schleier von diesem königlichen Trauerspiel nicht weggenommen. Noch heute treffen sich an diesem Gedenktag jährlich die Königstreuen und Trachtenvereine, wie sie Petra Moll auf ihrem Bild gemalt hat“, hat Ernst Hoferichter das Thema beschrieben.

Schloß um Schloß hat Petra Moll die Lebensspuren des einsamen Königs verfolgt, hat die zu Stein gewordenen königlichen Träume gemalt. In blasser Farbigkeit erhebt sich Neuschwanstein aus dem lichten Laub der Bäume, im Vordergrund sind die Besuchergruppen unterwegs, denn selten wurden Ursprung und Ende in ihrer Zweckbestimmung so sehr in ihr Gegenteil verkehrt wie bei den Schlössern – was Ludwig II. als Fluchtburgen der Einsamkeit erdacht und erbaut hatte, ist in unserer Zeit die Massenattraktion schlechthin: die Besucherstatistiken der Königsschlösser rücken nur dann noch in den Blickpunkt der Öffentlichkeit, wenn sich wieder einmal eine runde Millionenzahl ergibt.

Neuschwanstein, an dem siebzehn Jahre gebaut wurde, sollte die reinste Verwirklichung einer königlich-ritterlichen Idealwelt werden, hier sollte jenes aufwühlende Gefühl konkrete Gestalt gewinnen, das der König bei der Musik Richard Wagners empfand: Neuschwanstein als Kralsburg, belebt von den Gestalten der mittelalterlichen Sagenwelt, mystische Illusion eines Königs, dessen Abstand zur Welt der Wirklichkeit immer größer wurde. Rastlos trieb der König den Bau

Königliche Schlösser: Herrenchiemsee . . .

voran, nach seinen Plänen, Ideen und Anregungen hatten die Künstler zu arbeiten, war ihm doch hier ebenso wie bei seinen anderen Schlössern das Entstehen, der Vorgang des Bauens und Ausgestaltens wichtiger als dann das vollendete Werk selbst. Von Verdüsterung, von Umnachtung gar war nichts zu bemerken – und daß Könige ihre Kassen über Gebühr strapazierten, war nicht aufsehenerregende Ausnahme, sondern übliche Regel. Luise von Kobell, die in unmittelbarer Nähe des Hofes Person und Wirken der bayerischen Könige des 19. Jahrhunderts beobachten konnte, berichtete auch von der Entstehung Neuschwansteins: „Mit unermüdlichem Eifer wurde an dem Schlosse gebaut, gemalt, gemeißelt und geschmückt. König und Künstler waren mit Leib und Seele bei der Sache. Viel Fröhliches ist zu berichten, denn wie oft sandte der König den Künstlern eine dampfende Punschbowle, wenn dieselben abends gesellig beisammen saßen, oder ein Kistchen Havanna-Zigarren, auch kostbare Geschenke und anerkennende Grüße. Am meisten spornten jedoch die Künstler die Unterredungen an, die Ludwig II. mit dem einen oder anderen pflog. Geistvoll rezitierte der Monarch Stellen aus der Minnesänger-Dichtung, die eben in die Malerei überging, und kundig

. . . und Neuschwanstein

sprach er von den Vorgängen und Trachten, die sich vor seinem Auge zum Bild gestalteten.“

Die Punsch- und Havanna-Fröhlichkeit indes vergeht mit den langen Jahren der Bauzeit von Schloß Neuschwanstein. Ende Mai 1886 betritt der König in schwarzem Samtanzug bleich und verdüstert, eine „Hamleterscheinung“, den Sängersaal – kaum bermerkt er, daß noch ein Maler auf der Staffelei steht, eine Parzivaldarstellung zu vollenden, verläßt er be- und überstürzt den Saal. „Die Krankheit, die ihm sein ganzes Leben nachgeschlichen, die falsches Ich an die Stelle des ursprünglichen Ich gesetzt, hatte nach langem Kampfe gesiegt“, schrieb Luise von Kobell. Wenige Tage nach diesem Auftritt im Mai begann der Anfang vom Ende, der letzte Akt eines Königsdramas, das eines William Shakespeares bedürfte, um in seinen Abgründen zwischen Erschütterung und Grauen ausgeleuchtet zu werden. Die Kommission aus München, deren erster Versuch, den König für abgesetzt und geisteskrank zu erklären, scheiterte, die Verhaftung der Kommissäre selbst, die den Schlußpunkt, die Wegführung des Königs nach Schloß Berg und in den Tod nur hinauszuzögern vermochte –

die Phantasie der Menschen hat sich dieses ungeheuerlichen Vorgangs des Hand-an-Legens an einen König schon bald angenommen. Es entstand das Bild des verratenen und gemeuchelten, aber von seinem Volk geliebten Königs, dem eine legendenhaft verklärende Erinnerung jene Denkmäler setzte, die sich Ludwig II. in seinen Schlössern selbst errichtet hat.

Auch Schloß Linderhof hat Petra Moll gemalt, die in die Talsenke geschmiegte königliche Villa – bis hin zum „Tischlein-deck-dich" Stein und Gold gewordenes Stück aus einem Märchen. Dabei hatte eine um die Kosten besorgte königliche Bürokratie in München alles getan, Ludwig II. von seinem Bauvorhaben in Linderhof abzubringen. Eine alte Linde in einsamer Berggegend, unweit von Ettal und Hohenschwangau gelegen, hatte dem grünen Stück Erde im Graswangtal den Namen Linderhof gegeben. König Maximilian II. liebte den Ort, hatte sich dort ein Jagdhaus gebaut, ging mit geladenen Gästen im nahen Gebirge dem Waidwerk nach. „Ludwig II. jagte nicht, aber die Waldeinsamkeit zog ihn an, und er nahm daher gerne bei seinen Sommerausflügen in dem Jagdhaus einen zeitweiligen Aufenthalt. Um diesen dem König recht behaglich zu gestalten, ließ der Vorstand der Kabinettskassa die Zimmer sehr hübsch, wenn auch nicht prunkvoll herrichten.

In weiß und blau (den bayerischen Farben), hatte er sie sich ausgedacht, die Möbel von Ahorn, der Überzug von blauer Seide, gleich der Wandtapete. Und im kleinen Garten mußte ein Springbrunnen plätschern unter Alpenrosen, Farnkraut und Enzian und zierlich geordneten Blumenbeeten. Durch diese Umwandlungen hoffte er den König nicht nur zu überraschen und zu befriedigen, sondern auch weitere Baupläne ferne zu halten. Allein der Hofkassasekretär denkt und der König lenkt, denn gerade hier sollte sich Klein-Trianon erheben", schildert Luise von Kobell diesen vergeblichen Versuch, Ludwig von einem einmal gefaßten Plan abbringen zu wollen.

Schon gar nicht war das möglich, wenn sich der bayerische Ludwig an Frankreichs vierzehnten Ludwig erinnert sah, den absolutistischen Monarchen, der sein zu wollen und sein zu können Ludwig II. in seiner Einsamkeit so gerne träumte. Zweimal war der König von Bayern nach Frankreich gereist, einmal 1867, und dann 1874, kurze Zeit erst nach dem deutsch-französischen Krieg von 1870/71, der die Gründung des Deutschen Reiches gebracht hatte, welche der bayerischen Souveränität Einschränkungen auferlegte, die Ludwig II. nie verschmerzt hat. Ein Geheimer Legationsrat an der Deutschen Botschaft in Paris berichtete über den Aufenthalt von 1874 in der Wochenschrift „Die Gegenwart": „Ludwig II. hegt eine große, allgemein bekannte und von ihm keineswegs verheimlichte Vorliebe für das

In den bayerischen Bergen – am Tegernsee

Wasserburg, die Stadt am Inn

monarchische Staatssystem. Er ist der Meinung, daß dasselbe am vollkommensten in der Regierung Ludwig XIV. personifiziert ist, daher sein großes Interesse für diesen Herrscher und für seine unmittelbaren Vorgänger und Nachfolger. Die Franzosen der Jetztzeit scheinen dem König von Bayern ziemlich gleichgültig zu sein, die Franzosen des 16., 17. und 18. Jahrhunderts dagegen flößen ihm das lebhafteste Interesse ein. Der Hauptzweck der Reise des Königs nach Paris war deshalb auch, die Monumente zu besuchen und kennenzulernen, an welche sich die großen Erinnerungen der Regierungen von Heinrich IV., Ludwig XIII., Ludwig XIV. und Ludwig XV. knüpfen. Aus diesem Grunde begab sich der König bereits am Montage wieder nach Versailles, dessen Schloß er schon am ersten Tag einer oberflächlichen Besichtigung unterworfen hatte und verbrachte dort zwei Tage und eine Nacht. Der Zufall wollte, daß er auf diese Weise seinen neunundzwanzigsten Geburtstag in der Residenz des von ihm verehrten Ludwigs XIV. verleben konnte. Es ist wohl anzunehmen, daß das poetische Herz des in großer Einsamkeit lebenden jungen deutschen Fürsten diesem Zufall einige Stunden seltenen Genusses zu verdanken hatte."

Ludwig II. besichtigte mit großer Gründlichkeit das Schloß von Versailles und die beiden Trianons. Beflissene französische Beamte, dem König als fremdenführende Begleiter zugeteilt, verstummten bald, als sich der Gast bis in die letzten historischen und künstlerischen Details von Versailles als rundum sachkundig erwies. Als am 25. August zu Ehren des königlichen Gastes die großen Wasserspiele von Versailles in Gang gesetzt wurden, mußte dies auf des Königs empfindsames Gemüt, in trauerndes Träumen über die verlorengegangene absolutistische Stellung eines Monarchen verfallen, besonders nachhaltig wirken. Die königliche Baulust hatte neue drängende Impulse erfahren. Neuschwanstein war noch nicht beendet, auch der Bau von Schloß Linderhof noch nicht abgeschlossen, als mit dem Schloß auf der Insel Herrenchiemsee ein „bayerisches Versailles" erstehen sollte.

Petra Moll hat auch dieses Schloß gemalt – mit seiner breiten, strahlenden Front, mit der französisch orientierten Anlage des Parks, und – überall zu findende menschlich-liebenswürdige Dimension in den Bildern der Malerin – mit den Pferdewagen im Vordergrund, die die Besucher von der Anlegestelle der Chiemseeinsel zum Schloß bringen. Königliche Einsamkeit und demokratischer Massenandrang – Herrenchiemsee macht von seiner ursprünglichen Bestimmung und seiner heutigen Wirklichkeit her keine Ausnahme in der Reihe von Ludwigs Schlössern. Mit der Pracht der Spiegelgalerie von Herrenchiemsee wollte Ludwig II. noch jene von Versailles übertreffen – aber nur die Architektur vermochte in der Wiederholung eingefangen werden, das geschäftige Leben der Hofgesellschaft des

Im „Bayerischen Meer“: Frauenchiemsee

französischen Königs erfüllte die Schlösser des Königs von Bayern nie. In seiner Einsamkeit beschwor er die Geister aus der Vergangenheit – „das ist mir die liebste Gesellschaft, die kommt und verschwindet, wann ich will“.

Nur kurze Zeit hielt sich Ludwig II. in Herrenchiemsee auf. Luise von Kobell schreibt darüber: „Während der neun Tage, die der König alljährlich in Heerenchiemsee zubrachte, meist vom 7. bis 16. September, glich das Treppenhaus einem Lilien- und Rosenhag, da Tausende dieser Blumen, aus Holland herbeigeschafft, Stufen, Nischen, Säulen und Geländer mit ihrem Farbenschimmer belebten. Bei dem Anblick geriet selbst der verwöhnte König in Staunen und sog den Duft mit epikuräischem Wohlbehagen ein. Nur der Hofsekretär, der das Konto für diese Riesensammlung holländischer Unschuldsblumen zu begleichen hatte, runzelte stark die Stirne, als er

Am „Schwäbischen Meer“: Birnau am Bodensee

die Poesie der Augenweide gegen die Prosa der Zahlen abwog.“ Doch allem Aufwand zum Trotz blieb die Illusion nicht ohne Mängel. Wenn Ludwig II. auf Herrenchiemsee weilte, wurden seinem Wunsch gemäß Orangenbäume in die prächtigen Vasen in den Fensternischen der Spiegelgalerie gestellt.
Als der König eines Tages eine der Orangen pflücken wollte, sah er statt des Stieles einen Metalldraht, der Zweig und Frucht künstlich verband; zornig beklagte er den „Schwindel“ und warf die Frucht an die Wand.

Auch wenn Hohenschwangau noch auf der Liste der zu malenden Schlösser steht – am besten liegt der Kunst von Petra Moll das Schloß Herrenchiemsee: die das Bild majestätisch abschließende Fassade, eingefaßt vom Grün der Bäume, davor der gegliederte Park, im Vordergrund die Staffage von Besuchern und Pferdegespannen – alle kompositorischen Elemente, die die Ansichten der Vedutenmaler früherer Jahrhunderte bestimmt haben, sind hier zu finden, ähnlich übrigens wie in Schleißheim, dem strahlenden Zeugnis herrscherlichen Selbstbewußseins des bayerischen Kurfürsten Max Emanuel. In ihrer Vorliebe für Herrenchiemsee geht Petra Moll sehr weit: „Ich habe mir Versailles angeschaut – Schloß Herrenchiemsee ist für mich schöner, obwohl es eine Nachbildung ist."

Die Spuren königlicher Träume, die Ludwig II. mit seinen Schlössern durch Bayern gelegt hat, sind nur eine der Führungslinien für die Malerei der Petra Moll. Daneben ist für sie bayerische Vielfalt eine Herausforderung ohne Ende. In der künstlerischen Arbeit von Jahrzehnten hat sie sich dieser Herausforderung gestellt, hat Bayern immer wieder gemalt, Bekanntes und Unbekanntes, Typisches und Überraschendes. Von Herrenchiemsee wurde so der naheliegende malerische Schritt zur Nachbarinsel Frauenchiemsee getan: die kleine Insel mit ihrem charakteristischen Turm, hingelagert vor die mächtige Kulisse der Berge, Gedränge auf dem Landungssteg, hin zum Dampfer, der die Gäste auf die Insel bringen soll. „Wir sind auf der Fraueninsel angekommen. Ihre Prädikate heißen Echtheit und Ursprünglichkeit. Wir atmen eine würzige, aber gewachsene und organisch gewordene Welt und ahnen die Aura einer Schöpfung aus dem Jahre 782. Heute noch künden nicht nur der allerwelts bekannte Klosterlikör, sondern auch Maler, Dichter und Gelehrte davon, daß hier ein Paradies stillen Erlebens durch die Stürme der Jahrhunderte aufbewahrt blieb, um Glashäuser, Asphaltklischees und verstopfte Vergaser sogleich vergessen zu lassen. Auf der Insel braucht man nicht rückwärts zu schauen, denn der Traum selbst ist, in wildbrodelnde Historie eingehüllt, atmende Wirklichkeit geworden", rühmte Ernst Hoferichter die außergewöhnlich-einmalige Atmosphäre der Fraueninsel.

Petra Moll hat jene Punkte gemalt, die im Gesamtbild Bayerns ihren festen Platz und hohen Rang haben. Die Wieskirche beispielsweise, jenes atemberaubende Rokoko-Wunderwerk der Brüder Dominikus und Johann Baptist Zimmermann, Baumeister der eine, Maler der andere. Wer die Wieskirche ganz erleben will, so sagt man, sollte zu Fuß kommen. Auf Petra Molls Bild tut sich dieser Eindruck auf: der Wald hat sich geöffnet, inmitten weiter Wiesen erhebt sich, vor dem Hintergrund der dunklen Trauchberge, die Kirche, zu der die Prozession der Wallfahrer im frommen Gebet strömt. 60 Jahre alt war Dominikus Zimmermann und als Baumeister vieler Kirchen schon berühmt geworden, als er die Wallfahrtskirche zum gegeißelten Heiland in der Wies zu bauen begann. Der jubilierende Bau, dieses steingewordene Lob Gottes, wurde sein Hauptwerk – so sehr, daß sich der alternde Meister nicht mehr von seinem reifsten Werk, der Wieskirche, trennen mochte.

Wallfahrt zur Wieskirche

In einem kleinen Haus unterhalb der Kirche, wo er gewohnt und von wo aus er seinen genialen Bau vorangetrieben hatte, blieb er bis zu seinem Tod, wollte nicht mehr Abschied nehmen von diesem von ihm geschaffenen „Himmel auf Erden".

Die bestimmenden Punkte im bayerischen Profil sind nicht nur Schlösser und Kirchen des Landes, es sind vor allem auch seine Städte. Nicht viele mehr gibt es, die Petra Moll nicht bereist, durchwandert, erschaut hätte. Die Zwänge der Zeit sind es, die dann die Auswahl dessen bestimmen, was auch gemalt wird, die Faszination des Motivs muß den Ausschlag geben. In Wasserburg am Inn war dies der Fall. Die unvergleichliche Frontseite dieser Stadt zum Fluß hin, das Bild einer südlichen Architektur, eine abgewogene Farbigkeit, die wie Finger in den Himmel ragenden Türme, davor die grün-blaue Flut des Inn – Petra Moll mußte einfach zum Pinsel greifen und zu malen beginnen.

Was für München gilt, gilt selbstverständlich auch für Bayern – beide Themen sind für Petra Moll in ihrem Reichtum unausschöpfbar. Wenn jemand die Künstlerin fragt, ob sie denn überhaupt noch Stoff habe für ihre Bilder, erntet er nur Unverständnis: „Wenn unter Stoff Gedankengänge gemeint sind, Ideen für Bilder, Motive, die mich bedrängen und die ich unbedingt noch malen möchte – daran gibt es keinen Mangel. Mein Problem ist, daß ich nicht mehr so viel Zeit habe."

So führt die Frage, welche bayerischen Ziele von ihrer Malerei auf jeden Fall noch erreicht werden sollten, nur zu Andeutungen, weil sich sonst Wunsch und Wirklichkeit zu sehr stoßen müßten. Bilder zu malen für ein Buch, das die Urwüchsigkeit und Vielfalt bayerischer Feste von Aschaffenburg bis Berchtesgaden, von Hof bis Lindau vorstellt, wäre eine konkrete Vorstellung; eine andere: in der Unverwechselbarkeit bayerischer Märkte die besondere Lebendigkeit des Landes aufzuzeigen. Regensburg mit Donau und Steinerner Brücke, Straubing mit seinem festlichen Stadtplatz, Bamberg mit seinen malwürdigen Details ohne Ende – Beispiele nur für das, was sich Petra Moll noch vorgenommen hat. Und noch eine bayerische Stadt steht auf dem Programm: Cham. Erstauntes Fragen erhält überzeugende Antwort: Es ist die Heimatstadt von Ehemann Richard Moll.

Menschlicher Markt – Blumenverkauf vor dem Haus „Zum Falken“ in Würzburg

Die Hauptstadt ist nicht alles

Ausgriff nach Augsburg, Nürnberg und Würzburg

Es gehört zu angestammter Augsburger Gemütslage, auf die große Nachbarin, auf die Landeshauptstadt München, mit einigem Mißtrauen zu schauen, mit einer Haltung, die ausdrücken soll, daß man doch auch jemand sei, daß schwäbische Bedächtigkeit, gewachsen zudem auf einer Geschichte, der gegenüber sich die Münchner Historie ausgesprochen kurzatmig ausnimmt, durchaus ihren eigenen und eigenwilligen Stellwert habe. Und nicht ganz ohne Schadenfreude erinnert man sich an Lech und Wertach, daß die Gründung an der Isar genaugenommen Augsburger Provenienz ist: Als es zwischen Heinrich dem Löwen, Herzog von Bayern, und Bischof Otto von Freising zu dem bekannten Brückenstreit von Föhring gekommen war, bei dem es um die beachtlichen Zolleinnahmen an der verkehrsreichen Salzstraße von Reichenhall nach Augsburg ging, mußte Kaiser Friedrich Barbarossa schlichtend eingreifen. Dieser tat es am 14. Juni 1158 und er tat es von Augsburg: es kam zum Ausgleich zwischen Bischof und Herzog, wobei freilich Heinrich der Löwe besser wegkam, dessen Marktgründung Münichen bestätigt wurde. Die eigentliche Geburtsstunde Münchens schlug also – und mit gutem Grund fragen die Augsburger heute noch, wer dem widersprechen wollte – in Augsburg.

Daß solche historischen Reminiszenzen in Augsburger Köpfen immer noch hellwach sind, zeigte sich auch, als sich Petra Moll aufmachte, die vor zweitausend Jahren von den Römern gegründete Stadt in ihren Bildern festzuhalten.
Unter der Schlagzeile „Münchnerin verliebte sich in Augsburg“ wußte im Dezember 1969 ein Augsburger Blatt zu berichten: „Es ist, so könnte man mit dem bekannten schwäbischen bissigen Humor sagen, eine echte Münchner Wiedergutmachung, daß sich eine der bekanntesten und beliebtesten Münchner Künstlerinnen, Petra Moll, in unser Augsburg verliebte und in diesem Jahr über ein Dutzend Augsburg-Bilder malte. Was Hektor Trotin für Paris und Grandma Moses für Virginia waren, das ist Petra Moll für Deutschland und insbesondere jetzt für München und Augsburg.“

Bilder haben ihre Geschichte und Bücher haben ihre Geschichte, wie sehr muß diese uralte menschliche Erfahrung erst für Bücher gelten, die von ihren Bildern bestimmt werden. Petra Moll hatte in Zürich – von der Isar führte also über die Limmat der künstlerische Weg an den Lech – ihre erste Lithographie gedruckt. Diese geriet einem Augsburger Verleger in die Hände, der sofort Feuer und Flamme war, die Malerin in München besuchte, von einer Lithographie mit einem Augsburger Motiv sprach, von der unbedingten Notwendigkeit, ein Buch mit Augsburg-Bildern der Petra Moll zu machen.

Zunächst zögerte die Künstlerin, weil sie, bei allem Reiz des Themas, die Fülle der Arbeit sah – das konzentrierte Wirken eines ganzen Jahres würde nicht reichen, den vorgetragenen Plan zu verwirklichen, von den zusätzlichen Belastungen ständiger Fahrerei nicht zu reden. Erster Augsburg-Augenschein überzeugte, überwand alle Bedenken, Petra Moll sagte ja zu Augsburg. Der Zauber der Stadt, in ihrer Geschichte zurecht als die goldene gerühmt, nahm sie voll und ganz gefangen. Auch fand sich zu dem Buch „Die vielen Himmel über Augsburg“ mit Heiner Seybold ein Autor, dessen Liebe zu seiner Stadt auf einer reichen Kenntnis ihrer Geschichte gründete. Alles in allem erinnert sich Petra Moll immer wieder gerne an die vielen Monate ihrer Augsburger Malerei. Sie erfuhr ein Maß an Aufgeschlossenheit und Entgegenkommen, an Gastfreundschaft und Hilfsbereitschaft, das sie immer wieder überraschte. Dieser Atmosphäre auch schreibt die Künstlerin es mit zu, daß ihre Augsburger Bilder nicht nur ihr selbst sehr gefallen haben, sondern auch von der Kritik und dem Publikum so gelobt worden sind: „Das war halt auch so eine schöne, geschlossene Sache.“

„Über die Geschichte Augsburgs, die oft Herzstück der Weltgeschichte war, ist nicht nur alles Wichtige von Zeitgenossen und Nachfolgern schriftlich festgehalten. Sie ist auch reichlich ausgenützt und in Reportagen und Gedenkartikeln, durch Festreden und auf honorierten Stadtführungen strapaziert worden. Augsburg gibt für solche Anstrengungen endlos Anlässe und Stoff, präsentiert Superlative auf dem Fließband der Jahrhunderte. Beispiele dafür sind die erste Sozialsiedlung des Jakob Fugger, der erste Verbrennungsmotor mit dem Namen des Schwaben Rudolf Diesel, die erste Tulpenpflanze in einem der Bürgergärten an der Maximilianstraße und der erste Flug eines Menschen in die Stratosphäre“, schrieb Heiner Seybold und wies dann darauf hin, daß gerade Augsburg in seiner Vielschichtigkeit ein Gegenstand ständiger Neu- und Wiederentdeckung sei. Und weiter: „Für einen solchen Versuch ist Augsburg durch einen Zufall Objekt geworden: Das stolze reichsstädtische Augsburg, das in der Vergangenheit kummervoll den Lechfluß als ‚Grenze‘ erkoren hatte und heute, wie zum Hohn für diesen Stammes-Limes aus Wasser, Geröll und Auen, sich gerade in dieser Richtung

Der Prachtbau des Elias Holl: das Augsburger Rathaus

anschickt über den Grenzfluß hinweg Einfluß zu gewinnen – dieses Augsburg hat ein liebenswertes Gesicht, auch ein phrasenloses Privatleben mit viel Flair.
Es lohnt sich, einmal darüber zu kolportieren, nicht mit der Feder allein, nicht mit Weitwinkel und Teleobjektiv. Da gehört viel mehr dazu – vielleicht ein Künstler, der Realist und Romantiker, Naturalist und Abstrakter zugleich ist.
Das genügt immer noch nicht oder besser gesagt, das ist nicht das richtige Rezept für diese Aufgabe. So ein Künstler müßte ein Stückchen ‚Inflamatio' besitzen – und Petra Moll heißen. Sie ist es, die auszog, ‚abseits von München' Augsburg zu entdecken. Sie war naiv genug, um sich dieser Aufgabe mit einem Arbeitspensum sondersgleichen zu unterziehen. Die barocke Naive par excellence verzauberte, verzaubert von Augsburg, diese Stadt in ein liebenswertes Wesen, das trotz ehrwürdiger Schönheit eine menschliche Behausung blieb."

In den Bildern der Petra Moll legte Augsburg die großartige Kühle seiner Renaissance und die prunkvolle Tracht seiner Reichsstadtgröße ab und menschliches Maß an. Selbstverständlich werden in den Mollschen Bildern auch Glanz und Größe einer einst machtvollen, Geschichte prägenden Stadt sichtbar – spürbar aber wird nicht weniger deutlich die menschliche Dimension, die Überschaubarkeit, das dem Nachbarn Verständlichsein. Wenn Petra Moll das stolzragende Rathaus des Elias Holl samt dem himmelstürmenden Perlachturm malt, dann in Verbindung mit dem fröhlichen Menschengedränge des 29. September, wenn sich die Augsburger versammeln, am Tag des heiligen Michael das mittelalterliche Turmspiel zu sehen – „das Turamichele", wie es im Augsburger Schwäbisch heißt. Wenn Petra Moll die Fuggerei malt, die von dem Reichsten des Augsburger Kaufherrengeschlechts gestiftete Sozialsiedlung für bedürftige Mitbürger, dann in Verbindung mit den vergnügten Ausläufern der Jakoberkirchweih, mit Kindern, Luftballon und Schiffschaukel. Und wenn Petra Moll in winterlicher Ansicht das wuchtige Rote Tor in den blau-grauen Himmel ragen läßt, dann nicht, ohne des Schneeräumers im Vordergrund und des Paares zu vergessen, das zum Durchschreiten des Bogens sich eben anschickt.

Winter in Augsburg – hinter dem Perlach

verboten
Petra Moll

Augsburger Fassaden: Merkurbrunnen am Moritzplatz

Die vielen Himmel über Augsburg – Petra Moll hat sie in ihrer Unterschiedlichkeit sichtbar gemacht: Der dunkle Nachthimmel über dem Fronhof, wenn dort das Publikum zu festlicher Serenade sich trifft; der lichte Frühlingshimmel, in den der Ballon „Augusta" aufsteigt, wenn der Blick über den Hohen Dom weit ins Land geht; der kalte Winterhimmel über dem Gänsbühl am Stadtgraben, wo kindliches Eislaufvergnügen im Mittelpunkt steht. Und wenn Petra Moll den südlichen Abschluß der Maximilianstraße malt, die beiden Ulrichskirchen, dann verbindet geschäftiges menschliches Treiben im Vordergrund Himmlisches mit Irdischem. „Zwei Kirchen stehen am Südende der historischen Altstadt. In der größeren haben die beiden Schwabenheiligen Afra und Ulrich ihre Grabstätte, in der kleineren predigt man lutherisch. Das ist schon seit Luthers Zeiten so. In Augsburg lernte man bald die Notwendigkeit der Parität, heute würde man von Koexistenz sprechen. So fand sie auch Niederschlag in der Stadtarchitektur. Die konfessionelle Nachbarschaft wiederholt sich zweimal in der gleichen städtebaulichen Konzeption. Auch die beiden Heilig-Kreuz-Kirchen, die protestantische und die katholische, haben sich zusammengestellt, um diesen Stadtgeist kundzutun", schrieb Heiner Seybold, der in den beiden Kirchen, die die Maximilianstraße so charakteristisch abriegeln, noch weitere Aussagekraft erkannte: „Die heutige Ulrichskirche wurde von Kaiser Maximilian I. eingeweiht . . . Hatten die Bilderstürmer die Holbeinschen Altartafeln und Glasgemäldefenster zerstört, so schufen Barockkünstler den neuen Münsterschmuck mit Schnitzaltären, Kanzel, Orgelprospekt, Erzgruppe und Madonnen. Aus dem einstigen Betsaal der Protestanten wurde die spätere protestantische Ulrichskirche. In der Größe der beiden Kirchen spiegelt sich die Konfessionsaufteilung der Stadt, in der Ausstattung der Reichtum der Kirchengemeinden – und ihre Lebenstendenz: Puritanismus und katholische Lebensfreude."

Aus mehr als einem Jahrtausend liegen literarische Zeugnisse darüber vor, wie sehr Augsburg Durchreisende aus ganz Europa beeindruckt hat. So heißt es in einem Reisebericht der Königin Christine von Schweden, der Tochter Gustav Adolfs, vom 20. Oktober 1655 aus Augsburg: „Augsburg ist eine der schönsten, vornehmsten und berühmtesten Städte Deutschlands in einer überaus anmutigen, allenthalben bewässerten Ebene gelegen, wodurch der Boden sehr ertragreich wird. Die hiesigen Gebäude sind groß und ansehnlich, die Straßen breit und lang, der Durchgangshandel übertrifft alles Maß. Augsburg ist voll von reichen Kaufleuten und Bürgern. Das Rathaus ist einer der schönsten Bauten Deutschlands. Alles übrige sonst hat etwas Vornehmes und Majestätisches."

Die Straßen lang und breit – in besonderem gilt dies für Augsburgs Prachtstraße, die „königliche Maximilianstraße", wie sie die Dichter nannten. Petra Moll kommt geradezu ins Schwärmen, wenn auf diese Straße, festlicher Platz mehr als Weg, die Rede kommt: „Damit ist Augsburg unter allen Städten konkurrenzlos. Allein dieser Straße wegen muß man immer wieder kommen." Mit geringer Abweichung deckt sich die Maximilianstraße mit der Via Claudia der Römer, mit fünfzig Metern Breite stellt sie sich sogar den Herausforderungen des Massenverkehrs im neunten Jahrzehnt des 20. Jahrhunderts. Und Heiner Seybold hat zu dieser Straße ein Problem angesprochen, das sonst allein für unsere Zeit typisch zu sein scheint, in Wirklichkeit aber seine eigene Geschichte hat: „Die Parkplatzfrage war bei Reichstagen ein Sorgenkind der kaiserlichen Quartiermacher, denn die Trosse waren groß und der Reisewagen und Karren viele. An dieser Straße bauten die Reichen. Die Hausfassaden aus allen Jahrhunderten bis zurück in die Gotik sind ein Bilderbuch und Geschichtsbuch zugleich." Petra Moll hat diese Fassaden gemalt – beispielsweise die Häuser hinter dem Merkurbrunnen am Moritzplatz. Die Fassaden zeigen den Reichtum der Stadt schon in ihrem Wechsel, Wiederholungen kennt das Stadtbild nicht – die erfolgreiche Verbindung mit dem Gott des Handels und Wandels, dem ein eifriger Putto seit mehr als vier Jahrhunderten eilfertig das lose Band der Sandale knüpft, ist augenfällig.

Petra Moll ist bei ihrer Begegnung mit Augsburg nicht bei der Fassade stehengeblieben. Sie hat während der Arbeit an ihren Augsburg-Bildern nicht nur teilweise in Augsburg gewohnt, sie hat nicht nur mit den Augen des Malers die Stadt besonders gründlich gesehen, sie hat auch und vor allem menschliche Beziehungen gefunden, die nachwirken. Als das Dutzend ihrer Augsburg-Bilder voll war, erschien nicht nur das geplante Buch – schon während des Malens hatte man ihr, was ihr unvergessen bleiben wird, einen Turm, der damals gerade ausgebaut wurde, zum Wohnen angeboten, um die Malerin für immer am Lech zu halten. Auch wenn sie dieses Angebot nicht annehmen konnte, die Freude über die darin zum Ausdruck gekommene Wertschätzung ist Petra Moll auch nach Jahren noch anzumerken. Freude auch darüber, daß es nach Abschluß des Augsburg-Zyklus zu einer großen Ausstellung im Holbein-Haus kam. Unter der Überschrift „Großer Bahnhof für Petra Moll" berichtete damals die „Augsburger Allgemeine": Im Mittelpunkt des schicken Gedränges in allen Räumen des Holbein-Hauses stand eine flotte Dame mit blondem Pony-Look, rosa Seidenbluse und schwarzem Maxi-Samtrock: Petra Moll, Deutschlands bedeutendste ‚Naive' auf dem Sektor der Malerei. Eskortiert von ihrem Ehemann, einem wuchtigen Münchner mit Schnauzbart und Samtjackett, war sie gekommen, um die Eröffnung ihrer ersten Ausstellung in Augsburg, die von Bürgermeister Kotter vorgenommen wurde, mitzuerleben. Hauptanziehungspunkt unter den 54 Städtebildern waren natürlich die zwölf Augsburg-Bilder, die Petra Moll gemalt hat und die ihren Niederschlag auch noch in einem entzückenden Bildband mit dem Titel ‚Die vielen Himmel über Augsburg' und in einem Petra-Moll-Bildkalender für das Jahr 1970 finden werden."

Blieb Petra Moll eine stets anhängliche und immer wieder aktivierte Erinnerung an Augsburg, rund einem Dutzend Augsburger Bürger blieb bildhafte Erinnerung an Petra Moll – ist doch der größte Teil der Bilder, die die Künstlerin damals gemalt hat, in Augsburg geblieben.

Von der bayerisch-schwäbischen zur bayerisch-fränkischen Metropole: auch die erste dann Bild gewordene Begegnung mit Nürnberg ging auf Verlegeranstoß zurück, wie es überhaupt zum Schicksal der Petra Moll gehört, immer wieder von Verlegern zu unverbindlicher Motivsuche verlockt zu werden, was dann doch in aller Regel in konkreter Arbeit mit Pinsel und Farbe endet. So war es auch mit der Einladung nach Nürnberg, zufällig auch noch zur Weihnachtszeit. Um das Ergebnis vorwegzunehmen: Das Bild, das Petra Moll vom Christkindlesmarkt malte, sieht sie, gerade weil es besonders viel Mühe und Arbeit machte, als eines ihrer gelungensten Bilder an. Daß es den Umschlag eines Buches über den traditionsreichen Nürnberger Weihnachtsmarkt schmückt, freut sie deshalb

Der Nürnberger Hauptmarkt: Schön zu jeder Jahreszeit . . .

Rauschgoldengel
Nürnberger-Leb
Petra Moll

doppelt. „Christkindlesmarkt hin, Christkindlesmarkt her – alle anderen Städte, und jedes Jahr sind es mehr, machen vielleicht auch einen Markt, weil Weihnachten ist, in Nürnberg aber ist das ganz anders. Schon wenn man über die Brücke geht, bevor man zum Markt kommt, die Stadt hinunter, spürt man das Besondere, das Eigentümliche, das sich dann zum großen Eindruck formt, wenn sich der leuchtende Christkindlesmarkt auftut", erzählt Petra Moll, die es für ehrlich und menschlich hält, sich von Stimmungen einfangen zu lassen und dies auch offen zuzugeben. Nun war es natürlich schwierig, diesen großartigen Markt in seinem ganzen Umfang zu malen. Wollte man das machen, müßte man den Platz, so Petra Moll, gewissermaßen in Luftaufnahme sehen, alles hintereinander malen. Und weil es nicht möglich war, alles zu erfassen, hat sich die Malerin gesagt: „Da bringe ich ganz einfach nur das große Weihnachtsleuchten rein. Und auf diese Weise ist es eines meiner schönsten Bilder geworden." Jahrelang vermochte sich Petra Moll von ihrem Nürnberger Christkindlesmarkt nicht zu trennen. Erst kürzlich hat sie das Bild verkauft, aber nicht nach Nürnberg, sondern nach München. Eigentlich wollte der Kunde ein München-Bild, bei dem Blick auf den strahlenden weihnachtlichen Markt aber war für ihn, der lange Zeit in Nürnberg lebte, die Erinnerung zu übermächtig.

Petra Moll weiß, daß ihre malerische Begegnung mit Nürnberg noch nicht abgeschlossen ist, gerade weil der künstlerische Zugang zu der Stadt nicht einfach ist. Dies mag daran liegen, daß die überlieferte und immer noch beherrschende Vorstellung von der Butzenscheibenromantik des einstigen Schatzkästleins des deutschen Reiches mit dem modernen Nürnberg unserer Zeit nur noch bedingt zu tun hat. „Um Nürnberg ins Bild, in mein Bild zu bekommen, brauche ich sehr viel Zeit", meint Petra Moll, die diese Zeit bisher noch nicht gefunden hat. Immerhin, mit ihrem großen Bild vom Christkindlesmarkt ist die Malerin aus München in ein Herzstück Nürnberger Seins vorgestoßen, das Hans Max von Aufsess, einer der besten fränkischen Literaten unserer Zeit, so unübertrefflich beschrieben hat: „Wenn so das neue alte Nürnberg voller poetischer Eingeschneitheit an einem frühdunkelnden Adventsnachmittag in der Anstrahlung und tausendfachen Lichterausleuchtung wie ein herrliches Erinnerungsbild aus der großen reichsstädtischen Vergangenheit wiederaufersteht, wenn das Stilwidrige leise in den

. . . im Winter aber als Christkindlesmarkt verzaubert

Schatten tritt und das Fehlende nicht auffällt, wenn dazu noch fröhliche und schenkfreudige Menschen im Weihnachtseinkauf um die Glitzerbuden sich dicht drängeln, wenn vollends der Duft der Honigwachskerzen und der würzigen Lebkuchen sich mit dem beißenden Rauch der schmorenden Bratwürste und brutzelnden Mandeln mischt und ein buntes Aroma von Fichtenharz, gestoßenem Zimt, Kardamon und Nelkenwurz die Sinne berauscht, dann prägt sich der Nürnberger Christkindlesmarkt nicht nur dem Auge und nicht nur der Nase, sondern dem Gemüt als etwas ein, das die Kinder und Erwachsenen, die wieder zu Kindern werden, als Inbegriff des deutschen Weihnachtsfestes im Herzen mit sich forttragen und nicht mehr davon wegdenken können."

Die Zeit, die Petra Moll für Nürnberg erst noch finden muß, für Würzburg hat sie sie schon gefunden. Würzburg, die Stadt und ihre Menschen, dort gewonnene Freunde, dort gemalte Bilder nehmen in der menschlichen und künstlerischen Biographie der Petra Moll einen bemerkenswerten Platz ein. Die spontane Übereinstimmung, die die Künstlerin mit ihrem Motiv braucht, hier war sie bei der ersten Begegnung da – eine ganze Stadt als Motiv.

Um das Ende vorweg zu nehmen: als Ergebnis fleißiger, bald zweijähriger Malerei entstand ein Dutzend leuchtender Würzburg-Bilder, die in einer erfolgreichen Ausstellung in der Städtischen Galerie gezeigt und in einem seither in Würzburg ohne Unterlaß gefragten Buch, „Liebenswertes Würzburg", versammelt wurden. Den Text dazu schrieb Hanswernfried Muth, damals verantwortlich für die Städtische Galerie, heute Direktor des Mainfränkischen Museums auf der Festung Marienberg. Er knüpfte den Kontakt zur Malerin aus München, er erschloß ihr, liebevoll und kenntnisreich zugleich, Wesen und Schönheit der Stadt, er half ihr, Bekanntes zu verstehen und Unbekanntes zu entdecken. „Leichter scheint es den Zeichnern und Malern zu gelingen, das Bild dieser Stadt, ihrer Kirchen und Türme, ihrer Schlösser und Bürgerhäuser, ihre Straßen und Höfe zu interpretieren, wie sie es seit vielen Jahrhunderten getan. Eigenwillig und doch dem Charme der Stadt gerecht, sind die Würzburg-Bilder der Münchner Malerin Petra Moll. Sie ist eine Städtemalerin. Ihre Liebe zur Baukunst, die Genauigkeit, mit der sie fern aller Naivität ihre Bilder berechnet, die Sorgfalt, die sie den Motiven widmet, das alles läßt sie eine realistische Malerin sein, eben eine Vedutenmalerin. Sie hat

Petra Moll sieht Würzburg – eine Stadt der Türme

TEPPICHE-TAPETEN
Petra Moll

sich umgesehen in dieser Stadt, ‚mit der sie gleich Kontakt hatte' – dies ist ihre distanzierte Liebeserklärung an Würzburg; sie hat das Leben zwischen den alten Bauten, zwischen den großen Zeugen der Geschichte entdeckt. Auch Petra Moll liebt Würzburg, ihre kleinen poesievollen Bilder zeigen es. Und das liebenswerte, geliebte Würzburg hinwieder zeigt sich der Malerin von seiner freundlichsten Art, heiter, sonntäglich, festlich gestimmt. Es ist, als wolle sich die Stadt der Liebe würdig erweisen", hatte Hanswernfried Muth dann in der Einführung zum gemeinsamen Würzburg-Buch geschrieben.

Würzburg ist für Petra Moll eine Stadt, „die aus irrsinnig vielen Türmen besteht", Türme, die den Charakter bestimmen, dem Himmel über Würzburg Konturen geben. Würzburg ist aber für einen Maler nicht nur eine Aufgabe im Ganzen, sondern auch im Detail. Gerade der wechselnde Eindruck, das sich verändernde Bild mit dem Betreten einer anderen Straße, eines anderen Platzes, das Barocke hier und das Gotische dort – all dies ergibt die herausfordernde Vielfalt, der sich Petra Moll mit ihrer Kunst entschlossen gestellt hat: „In dem Augenblick, in dem ich anfange, eine Stadt zu malen, wächst sie mir ans Herz; es entwickelt sich eine Liebe zu dieser Stadt. Du fährst immer wieder hin, viele Leute kennen dich schon, du gehst in die Wirtshäuser, du kommst ins Gespräch." Diese allgemeine Erfahrung hat Petra Moll in Würzburg besonders intensiv gemacht; Unbekannte, die von ihrem Malen in Würzburg gelesen hatten, sprachen sie an, berichteten Erfahrungen mit ihrer Heimatstadt, erteilten freundlichen Nachhilfeunterricht in Stadtgeschichte.

Dadurch, daß man eine Stadt malt, in vielen Bildern malt, ist man gezwungen, sie ganz zu durchdringen, mit anderen Augen anzusehen, mit gründlicheren und tiefer blickenden als der zufällig vorbeikommende Besucher, auch als der alles gewohnte Einheimische. Petra Moll sieht diese Einsicht auch dadurch bestätigt, daß sie zu „ihren" Städten, denen sie ein wesentliches Stück ihrer Kunst und damit ihres Lebens gewidmet hat, ein besonderes Verhältnis hat, auch nach vielen Jahren noch. Sie kann auf der Autobahn weder an Augsburg noch an Würzburg vorbeifahren, ohne nicht einen Anflug von Reue, auch von schlechtem Gewissen zu verspüren, die Gelegenheit einer Wiederbegegnung ausgelassen zu haben.
In Würzburg hat Petra Moll nicht nur intensiv gemalt, sie hat in dieser Zeit auch intensiv gelebt, hat die Stadt in ihrem Jahreslauf gesehen, hat ihre Feste mitgefeiert, hat Freundschaften geschlossen, die sich auf dem Prüfstand der Zeit bewährt haben. Mit ihren Bildern und mit ihren Erzählungen fügt sich Petra Moll in die lange Reihe jener, die schon immer das große Loblied auf Würzburg gesungen haben.
„Würzburg, dankbar verehrte Mutter und Heimatstadt, der Liebe wert! Zu arm ist

meine Sprache, Deinem Preis genügende Worte zu finden“, hatte 1504 der Domherr Leonhard von Egloffstein gejubelt. Und vierhundert Jahre später schrieb ein anderer Würzburger, Leonhard Frank, der Dichter der „Räuberbande“ und des „Ochsenfurter Männerquartetts“, eine Würzburger Impression nieder, die ihresgleichen kaum gefunden hat: „Über der Stadt lag Abendsonnenschein. Ein roter Wolkenballen hing über der grauen Festung auf dem Gipfel, und im steil abfallenden königlichen Weinberg blitzten die weißen Kopftücher der Winzerinnen – die Weinernte hatte begonnen. Es roch nach Wasser, Teer und Weihrauch.“ Oder Max Dauthendey, der Dichter aus Würzburg, sein Leben lang vom Fernweh getrieben und am Heimweh krank und 1918 dann auch in javanischer Ferne gestorben – wie hat er Würzburg, das Wasser des Mains, geliebt, gesehen, beschrieben, mit Worten, einem Rausch der Farben gleich: „Der Himmel badete all sein Leuchten darin. Ein weiches Silberblau und rauchdüstres Violett und matte, bleierne Wolkennebel, durchglommen von lüsternem Weinrot, wie Frauenlachen. Aber dann plötzlich blank wie Metallspiegel und nun wieder schillernde, stechende Irisfarben, giftig und tückisch, das ruhige Licht mit wirren Spiegelungen ätzend. Die Sonne sank. Gelbbraune und graue Töne glitten kühl über die Stadt, über den Höhen am Horizont schlang der Abendschein flackernde Rotglut. Zwischen den Bergeinschnitten quollen Lichströme von Westen nach Osten und füllten die Täler mit goldenem Dunst und sich müde dehnendem Schattenblau.“

„Glückliches Würzburg! Treffliches Volk, getreues Land!“ hatte Gottfried von Viterbo, Dichter und Würdenträger am Hofe des oft in Würzburg weilenden Kaisers Friedrich Barbarossa der Stadt zugerufen und sie wegen ihrer Lage mitten in Weinbergen mit einer Rose in grünendem Laube verglichen. Daß diese Stadt, vielgepriesen und hochgelobt, am 16. März 1945, als der tödliche Bombenhagel fiel, am Ende ihrer Geschichte angekommen schien, mußte glauben, wer nicht mit fränkischer Zähigkeit, Beharrlichkeit und Kraft zum Wiederaufbau zu rechnen vermocht hatte. Josef Dünninger, behutsam-liebender literarischer Schilderer seiner fränkischen Heimat, hat 1946, in der Zeit tiefster Würzburger Hoffnungslosigkeit und „auf der Suche nach den Lebensgesetzen einer zerstörten Stadt“ einem Freund geschrieben, der nicht fähig war, das Furchtbare zu ertragen, nicht gewillt, in die gestörte Stadt zurückzukehren. Dünninger schloß seine Beschwörung: „Die zahllosen Glocken Würzburgs sind verstummt, ihre Akkorde schwingen nicht mehr. Nur von wenigen Türmen tönt noch eine vereinzelte Stimme, und sie ist wie der unruhige Herzschlag des suchenden Sinnes. So fragen wir uns, über das Wesen der Geschichte nachsinnend, ob nicht gerade hier, wo hinter den

Resten ihres kostbaren Gewandes nun ihr strenges Gesetz wieder sichtbar geworden, es uns möglich ist, zu einer neuen Form des Lebens zu gelangen. Gestärkt aus ihrem Geist und mitgetrieben in ihrem unabwendbaren Gang, glauben wir unerschütterlich an ihren geheimen Plan. Und so frage ich dich, lieber Freund, ob du in deiner dumpfen Trauer verharren und hierbei fehlen willst?"

Die Würzburger verharrten nicht im dumpfen Abseits, sie bauten ihre Stadt wieder auf, lebendig, kraftvoll, main-wein-fränkisch fröhlich. Die Erschütterung über das Schicksal Würzburgs, der Gedanke, daß diese herrliche Stadt in Stunden verglühte, hat Petra Moll bei ihrer Arbeit am Main stets beschäftigt, ein Bild ihres Malerkollegen Wolfgang Lenz – die Alte Mainbrücke mit Heiligen, die Totenköpfe tragen, dahinter das flammende Inferno – hat sie tief berührt. „Mit um so größerer Begeisterung", schrieb die örtliche „Mainpost", „widmet sie sich dem, was erhalten blieb. Das Falkenhaus beispielsweise mit seiner Rokokofassade hat es ihr angetan, ebenso die Residenz und natürlich der Marktplatz mit seinem bunten Auftrieb und seiner Geschäftigkeit. Bei aller Vorliebe für die Baukunst – ‚Ihr habt da einen ganz besonderen Stein in Würzburg . . .' – ist sie keinesfalls eine Menschenverächterin. Dazu ist sie selbst viel zu sehr mit beiden Beinen drin im Leben und die Leute auf ihren Bildern sind es auch. Alle haben sie Gesichter, alle tun sie irgendwas. Drei Dinge sind bei Petra-Moll-Bildern für den Beschauer immer wieder faszinierend. In erster Linie natürlich die Städte, dann gleichrangig die Menschen und die Himmel."

Petra Moll hat Würzburg so gesehen und gemalt, wie es Hanswernfried Muth in dem gemeinsamen Buch der beiden beschrieben hat: „Wie seit Jahrhunderten prägen die in langer Geschichte gewachsenen monumentalen Bauwerke unverwechselbar das Stadtbild. Wie einst bestimmen der Dom, die Kuppeln von Neumünster und Stift Haug, die Residenz, die Türme der Marienkapelle, des Rathauses und der Alten Universität den Charakter der Stadt, während unsere Zeit ihr zugleich neue Akzente gab. Was erstand, ist gewiß nicht eine Kopie des alten Würzburg, aber ein Würzburg im alten Sinn, umgeben von Rebenhügeln, deren Weine das Temperament seiner Bürger, seiner Gäste immer wieder beflügeln.
Dieses Würzburg als Vorstellung einer Stadt und ihrer Atmosphäre offenbart sich im Blick über der Mainfluß. Dicht rücken Dom und Neumünster, Kern und Keim dieser Stadt zusammen; frei strebt der hohe Turm der Marienkapelle, der Bürgerkirche, über den niedrigen Dächern der Gassen auf. Am Fluß steht mit kupfergrünen Armen über schieferschwarzem Dach der Alte Kranen, Wahrzeichen der Stadt, Wahrzeichen auch ihres Geöffnetseins, das in ihrer besonderen verbindenden Lage zwischen Norden und Süden bedingt ist."

Für ein lebhaftes Temperament wie jenes der Petra Moll war in ihrer Begegnung mit Würzburg eine Eigenart der Stadt wichtig, die vor Jahrzehnten schon Rudolf G. Binding erkannt hat: „Nirgends langweilig zu sein, weder vor sich noch vor den Fremden, weder im Anblick, noch im Wesen, das ist das Merkmal, das ist Eigentum und Eigenschaft von Würzburg vor anderen Städten.“ Wer einmal in Würzburg gewesen sei, komme immer wieder, hat der Essayist Josef Hofmiller einmal sein Urteil über die Hauptstadt Unterfrankens zusammengefaßt. Eine Erfahrung, die Petra Moll nachdrücklich bestätigt.

Mozartfest in Würzburg – vor Balthasar Neumanns Residenz

Vielfalt ohne Grenzen

Von der Bandbreite ihrer Kunst

Eine der typischen Eigenschaften von Petra Moll ist, daß sie sich von Grund auf und von Herzen zu freuen vermag, für andere wie für sich. Die Freude über einen Erfolg, über ein Erlebnis, über eine Erstmaligkeit, die noch so weit zurückliegen, wird, wenn sie in der Erinnerung auftaucht, zum Greifen spürbar. Das ist, um nur ein Beispiel zu nehmen, so, wenn Petra Moll daran zurückdenkt, wie das war, als sie die erste Farbpostkarte von einem ihrer Bilder in der Hand hielt: „Motiv war das Loire-Schloß Cheverny, prachtvoll gedruckt. Und es war für mich ein unerhörtes Erlebnis, als ich mir von dieser Karte 20 Stück kaufte und verschenkte – und einer der Beschenkten gar noch eine Unterschrift von mir wollte." Der französische Auftakt war so verheißungsvoll, daß anhaltendes verlegerisches Interesse geweckt war. Mittlerweile gibt es an die vierzig Postkarten mit Moll-Motiven, deren Gesamtauflage nach Hunderttausenden zählt.

Trotz solch beeindruckender Zahlen, die zudem als Summe vieler Jahre gesehen werden müssen, wertet die Malerin den Druck von Postkarten nach ihren Bildern nicht als geschäftlichen Aspekt: „Für mich war es einfach wichtig, daß die Leute mich kennengelernt haben. Wenn man heute ein Bild malt und an eine einzelne Person verkauft, dann sieht es diese Person, deren Bekanntenkreis. Aber ein Bild, das als Karte, auch als Druck in Umlauf kommt, das sehen viele Leute, die sich dann sagen, da gibt es jemand, der malt so und so, von dem habe ich schon etwas gesehen oder von dem will ich etwas sehen." Daß sich in den Köpfen, in München zunächst und dann darüberhinaus, eine Vorstellung von der Malerin Petra Moll und von der Art ihrer Bilder entwickeln konnte, führt die Künstlerin entscheidend mit auf die Vielfalt der Publikation ihrer Arbeiten auf Karten zurück. Natürlich weiß Petra Moll, daß es viele im Kunsthandel gibt, die grundsätzlich dagegen sind, daß man ein Bild vervielfältigend reproduziert, weil dies dem künstlerischen, aber auch dem materiellen Wert eines Werkes schade. Sie teilt diese Meinung nicht: „Wenn den Menschen wirklich etwas Freude macht, dann sollen sie das in irgendeiner Form auch besitzen können. Warum sollen die Menschen nicht eine Karte von einem meiner Bilder in die Hand nehmen können und sagen: schau, hier bin ich aufgewachsen, das ist meine Erinnerung daran." Wenn Petra Moll so redet, ergeht sie sich nicht in theoretischen Überlegungen, sie berichtet von dem, was ihr tausendfach schon widerfahren ist.

Auch die von ihr illustrierten Bücher sieht Petra Moll als bedeutsamen Beitrag zu ihrem künstlerischen Durchbruch, zu ihrer Popularität an: „Bücher führen im allgemeinen zu einer genaueren Beschäftigung mit meinen Bildern, zu persönlichen Nachfragen, zu Kontakten, zu Gesprächen; sie führen dazu, daß sich das Bild von meinen Bildern in der Vorstellung vieler Menschen verfestigt." Die beiden gemeinsam mit Ernst Hoferichter entstandenen Bücher „München, Bilder einer fröhlichen Stadt" und „Bayern, Bilder eines glücklichen Landes" machten den Anfang – und daß es auch ein menschlich guter Anfang war, bewies die wachsende Freundschaft zwischen beiden. „Alles kleine Glück dieser Welt" hatte Hoferichter Petra Moll in einem Neujahrsgruß gewünscht, die letzten geschriebenen Zeilen, die die Malerin, kurz vor des Dichters Tod, von diesem erhielt. Es folgten, zusammen mit Heiner Seybold, „Die vielen Himmel über Augsburg", dann, im Olympiajahr 1972, gemeinsam mit Kurt Seeberger, das besonders erfolgreiche Buch „München, die schönste Stadt der Welt". Dem Band „Liebenswertes Würzburg", zu dem Hanswernfried Muth den Text schrieb, schloß sich in Zusammenarbeit mit dem Autor des „Großen Petra Moll Buches" der Titel „München, Traumstadt im Winter" an. Vorerst letzte Erscheinung in der Buchproduktion der Petra Moll: „Die schönsten Kindergedichte", herausgegeben von Helmut Zöpfl und reich mit Moll-Bildern ausgestattet. Die Freude am Leben und an Kindern, die Zöpfl, Professor für Schulpädagogik zum einen und profilierter bayerischer Poet zum anderen, in seinem Buch einsammelte, fand in der farbenfrohen Welt von Petra Moll das angemessene Umfeld. Der menschliche Ton war es, beiden gemeinsam, der Petra Moll und Helmut Zöpfl zu diesem Vorhaben zusammenfinden ließ, zu dem der dichtende Professor selbstverständlich auch eigene Verse beisteuerte, wie zum Beispiel: „Von irgendwo und ganz weit / fällt aus der großen Ewigkeit / die Zeit: Jahr, Tag, Moment. / Sie fallen, fallen ohne End' / und irgendwo sitzt irgendwer, / der teilt die Zeit und schenkt sie her: / ein wenig Schmerz, ein wenig Freud, / ein bißchen Glück, ein bißchen Leid."

Fröhliches Malen fröhlicher Menschen – buntes Faschingstreiben

Petra Moll

Glas und Leinwand sind nicht die einzigen Materialien, auf denen die Kunstwerke von Petra Moll entstehen. Die Vielseitigkeit, die sie auszeichnet, führt zu immer neuen Versuchen, zu anderen Wegen. So entstand in der Staatlichen Majolika-Manufaktur Karlsruhe eine Serie von vier Tellern: die Schlösser Neuschwanstein, Herrenchiemsee, Linderhof und Nymphenburg fügten sich zu einem königlich-bayerischen Quartett. Die Karlsruher Manufaktur, die wegen ihrer besonderen Möglichkeiten künstlerischer Handarbeit Weltruf hat, wurde 1901 gegründet und vom Großherzog Friedrich I. von Baden mit dem Privileg ausgestattet, „daß die neuzugründende Keramische Anstalt die Bezeichnung Großherzogliche Majolika-Manufaktur führt und ihre Produkte mit dementsprechendem Warenzeichen signiert". Dieses Warenzeichen, der badische Wappenschild mit der Großherzogskrone und einem zweifachen „M" (für Majolika-Manufaktur), schmückt neben der Signatur von Petra Moll die Viererserie der Schlösser-Teller.

Die Umstellung war allein schon vom Format her nicht ganz einfach. Auch wenn sie einsieht, daß runde Bilder durchaus originell sind und ihren besonderen Reiz haben, mußte sie, der die klare, übersichtliche und gradlinige Komposition ihrer Bilder besonders liegt, auch hier erst neue Erfahrungen sammeln, sich umgewöhnen. Als Malerin, für die die strahlende Farbigkeit ihrer Bilder besonders wichtig ist, stellt Petra Moll bei der Wiedergabe ihrer Werke auf Majolika, Porzellan oder Steingut sehr hohe Ansprüche. Die optimale Farbe ist dann jedesmal auch nur nach vielen Versuchen und Proben zu erreichen, auch deshalb, weil die Malerin stets mit gemischten Farben zu arbeiten pflegt. Ein hochtechnisiertes Siebdruckverfahren, das bis zu 25 Farben bringt und mit herkömmlichem Vierfarbdruck nichts zu tun hat, ermöglicht indessen eine derartig nuancenreiche Wiedergabe, daß auch der kritische Sinn von Petra Moll zufriedengestellt wird.

Als außerordentlich geschätzt und gefragt hat sich ein „Münchner Weihnachtsteller" erwiesen, der 1978 zum erstenmal erschien: der Münchner Christkindlmarkt im Schnee, mit weißen Hauben die Türme der Peterskirche, des Rathauses und der Frauenkirche. In wenigen Tagen war der Teller, in seiner Auflage auf

Die Schlösser König Ludwigs II. auf Majolika-Tellern: Herrenchiemsee, Linderhof, Neuschwanstein

500 Exemplare begrenzt, ausverkauft. Seither gibt es, mit anhaltendem Erfolg und bei einer strikt auf 900 Stück limitierten Auflage, jedes Jahr einen neuen Weihnachtsteller von Petra Moll. Der größere Teil dieser Teller geht an Liebhaber, die sich eine vollständige Sammlung an Moll-Weihnachtstellern aufbauen wollen. Daß es neben den Tellern schon seit vielen Jahren hübsche Krüge mit Münchner Motiven von Petra Moll gibt, ist fast eine Selbstverständlichkeit.

Je bekannter Petra Moll mit ihrer Kunst wurde, um so häufiger traten Zeitschriften mit Illustrationswünschen an sie heran. Nach Titelblättern für Illustrierte in den Jahren 1963 und 1964 kam hier 1965 ein gewisser Durchbruch:
Die europäische Zeitschrift „Epoca“ illustrierte eine München gewidmete Sonderausgabe auf zwölf Seiten mit Bildern der Künstlerin. Von dieser Auflage gingen allein 25 000 Exemplare in die Vereinigten Staaten, ein wichtiger Beitrag auch, die Malerin in Amerika bekannt werden zu lassen. Eine Ausstellung „The small world of Petra Moll“ im Goethe-Haus an der Fifth Avenue in New York war nur ein Indiz für Bekanntheit auch jenseits des Atlantischen Ozeans.

Moll-Bilder erschienen – neben ihren eigenen Büchern – in zahlreichen Kunstbänden, Mappen mit Drucken fanden ihr Publikum. Und auch „Kalenderfrau“ wurde Petra Moll. 1976 erschien ihr großformatiger Kalender „Ein Münchner Jahr“, bei dem Kalenderwettbewerb des gleichen Jahres mit dem Prädikat „anerkennenswert“ versehen. Es kam, 1964, der Druck der ersten Steinlithographie in Zürich, es kamen Ankäufe durch das Stadtmuseum München und durch die Städtische Galerie Würzburg – es kam auch, 1973, das Bundesverdienstkreuz 1. Klasse. Im Jahr davor hatte Petra Moll mit einem besonderen Auftrag gewissermaßen offizielles Aufsehen erregt: für das Organisationskomitee der Olympischen Spiele in München malte und gestaltete sie die Dankurkunde an den Bundespräsidenten.

Diese Vielfalt, diese Offenheit, diese Bereitschaft, stets auch neue Dinge zu wagen, gewohnte und erfolgssichere Gleise zu verlassen, mußte zwangsläufig dazu führen, daß die Motive für die Kunst der Petra Moll nicht an Münchens und auch nicht an Bayerns Grenzen enden konnten. So malte Petra Moll, beispielsweise,

Schweizerische Weihnachtsimpression: Kirche Enge in Zürich

Petra Moll

Petro Moll
O.P.
FARO
DE
FORMENTERA

Ein Bild mit einer eigenen Geschichte – Rheinansicht von Köln

Südliche Heiterkeit vor dem Leuchtturm im spanischen Formentera

In Liechtensteins Hauptstadt Vaduz: das fürstliche Schloß im Schnee

die Klosterkirche Birnau vor dem Hintergrund des Bodensees und der Alpen, sie malte Heidelberg, einen der Traumzielpunkte amerikanischer Europasehnsucht, und sie malte Köln. Das Köln-Bild entstand als Auftrag – einer jener Aufträge allerdings, bei denen es zu außergewöhnlicher Übereinstimmung zwischen Malerin und Motiv gekommen ist. Drei Tage erst hat sich Petra Moll die Stadt angeschaut, dann hat sie ja gesagt und zu malen begonnen. Zwei Monate war sie an der Arbeit, um die schmale – das Bild war 120 Zentimeter breit und 60 Zentimeter hoch – Rheinansicht der Stadt zu malen. Petra Moll hält dieses Bild für eines ihrer besten, auch der Auftraggeber, ein deutsches Großunternehmen aus Köln mit vielen Filialen in Amerika, für deren heimatliche Ausstattung das Köln-Bild die Vorlage liefern sollte, war begeistert, – mit einer Einschränkung allerdings, die heute zum vergnüglichen malerischen Anekdotenschatz der Künstlerin gehört.

Das Köln-Bild war fertig, als ein ernster Anruf von Auftraggeberseite die dringende Notwendigkeit eines Gespräches mit der Künstlerin signalisierte. Kurzfristige

Das traditionsreiche Palace-Hotel in St. Moritz

Terminvereinbarung, Anreise aus Köln am nächsten Tag, dann die Eröffnung: auf Petra Molls Bild war der Dampfer zu sehen, der eben da war, als sie zu malen begonnen hatte, die „Düsseldorf“. Von dem Abgesandten aus Köln erhielt die Malerin gründlich-belehrende Einführung in die Rivalität der beiden Städte Köln und Düsseldorf – und dieserhalb sei das Schiff „Düsseldorf“ auf dem Köln-Bild für Kölner schier unerträglich. Der Mollsche Gegenvorschlag, den Dampfer unverfänglich und Kölner Gemüter nicht verletzend umzutaufen, wurde zurückgewiesen. Auch das ginge, da jedermann dieses Schiff kenne, nicht, wurde der Malerin bedeutet. So malte denn um des rheinischen Hausfriedens willen Petra Moll ein neues Schiff.

Petra Moll malte in Salzburg, Hinterglasbilder, und sie malte den Leuchtturm im spanischen Formentera. Sie malte ein zauberhaftes Winterbild des Schlosses in der liechtensteinischen Hauptstadt Vaduz und sie malte in der Schweiz. Die Begegnung mit diesem Land, ausgelöst durch die Anfrage einer Züricher Galerie, führte zu einer Malerei vieler Monate. Auf über einem halben Dutzend Bildern hat Petra Moll die charakterischen Plätze der Stadt an der Limmat festgehalten. Die Schweizer waren begeistert. So schrieb das „Luzerner Tagblatt" über eine in Luzern stattgefundene Ausstellung: „Petra Moll malt Landschaften und Städtebilder, Figurenszenerien und Blumenstilleben. Sie besitzt den typischen Ordnungssinn der Naiven, die die verschiedenen Landschaftselemente zu einer architektonisch klar gegliederten ‚Kulisse' zusammenschieben, und sie teilt deren Liebe zum Detail. Deshalb reizen sie Motive, die solche Details in reicher Fülle bieten: barocke Schlösser, vieltürmige Kirchen und Dome, ein Engadiner Grandhotel mit imposanter Balkonfront, malerische Häuserzeilen am Limmatquai und im Pariser Montmartre oder ein bayerischer Biergarten. In poesievollen Rousseau-Gärten sind humorvolle Figurenszenen arrangiert, die in ihrem würdigen Aufbau an alte Familienfotos erinnern. Mittelalterliche Weihnachtsstimmung vermittelt der Nürnberger Christkindlesmarkt und das markanteste Stadtbild ist der schöne Kölner Prospekt mit Dom, Rheinufer und Schiffen. Man hofft – aber man bezweifelt –, daß es sie wirklich gibt, diese blitzblanke Welt im Sonntagsstaat in ihren auf Hochglanz polierten Farben, wo alles friedlich und niedlich ist und in der Sicht der Malerin eine ‚Bitte-recht-freundlich-Pose' einnimmt. Von der Ursprünglichkeit einer ‚Primitiven' ist bei Petra Moll allerdings wenig zu spüren: sie ist eine geschickte Kleinmeisterin mit ausgeprägtem Sinn für klar gegliederte Kompositionen und handwerklichem Fleiß, die malend das Gesehene bis ins letzte Detail nacherzählt."

Und Petra Moll hat Frankreich gemalt. Aber das ist ein anderes, ein eigenes Kapitel.

Würzburger Wallfahrer auf dem Weg zum Kreuzberg in der Hohen Rhön

Petra Moll

Der französische Ausbruch

Von Paris an die Loire

„Petra Moll steht am stärksten in der Tradition der malenden Kollegen aus Frankreich.“ Was sich hier, den malerischen Standort der Künstlerin bestimmend, in einer Kritik der „Süddeutschen Zeitung“ aus dem Anfang der sechziger Jahre, stellvertretend auch für andere, ähnliche Wertungen, findet, weist auf einen Bezug in Leben und Werk der Petra Moll hin, der weit zurückreicht, der ihr unentbehrlich ist, der sie immer wieder fasziniert, die Beziehung zu Frankreich, zu dem Land und seiner Kunst. Schon in den ersten Jahren ihrer Malerei stieß Petra Moll auf Frankreich, auch deshalb, weil die naiven Maler aus diesem Land damals tonangebend waren. Sie beschäftigte sich mit den französischen Malern insgesamt, mit den Impressionisten in besonderem Maße. Dem intensiven Eindringen in die französische Malerei durch Lesen und Schauen, in Büchern und Museen folgte die Inaugenscheinnahme des Tatortes dieser Kunst: 1958 fuhr Petra Moll nach Frankreich, nach Paris – Anfang einer Reisekette, die nie mehr abgerissen ist.

Petra Moll kam, in Begleitung einer Maler-Kollegin, mit offenen, lernenden Augen, das zu sehen, zu erspüren, wovon sie in der theoretischen Begegnung schon so viel in sich aufgenommen hatte, französische Kunst, so konzentriert, so vielfältig, so allumfassend nirgendwo anzutreffen wie in Paris. Die Stadt selbst, die oft beschriebene und doch unbeschreibbare, wurde zu einem Erlebnis, das sie nie wieder losgelassen hat.

Wilhelm Hausenstein, der empfindsame, elegante und gebildete Schilderer europäischer Städte und Landschaften, hat im Morgendämmern von Sacré-Cœur aus auf die Stadt geschaut, hat Paris gesehen und beschrieben, hat dabei Wesentliches und stets Gültiges formuliert: „Paris liegt drunten, draußen, unendlich, ohne Umriß, silbergrau, perlgrau, mit einzelnen letzten Lichtern bestickt, die wie herabgesunkene Sterne sind. Da liegt Paris, unübersehbar, leise verschattet noch, zart umdämmert, von bleichem Dunst überhaucht. Der Eifelturm sticht schon schlank heraus, schon klären sich die Kuppeln über Pantheon und Invalidendom; vielleicht recken und strecken sich in dieser Stunde die Chimären von Notre-Dame, um sich auf den Türmen für den Tag zurechtzusetzen. Der Osten rötet sich;

der Westen ist grau; die Stadt ist grau mit Lila; unsere Haut fröstelt; die alten Häuser um Sacré-Cœur stehen leblos, wie Tote, die an die Wand der Ewigkeit gelehnt wären."

Paris ist nach München die Stadt, die sich Petra Moll am genauesten angeschaut hat – und vielleicht ist es auch darauf zurückzuführen, daß sie immer wieder Parallelen zwischen den beiden Städten zu entdecken vermag. In den kleinen Dingen das Bezeichnende, im scheinbar Nebensächlichen das Hauptsächliche, auch im Gewühl einer vielfachen Millionenstadt das menschliche Maß, im offensichtlich Unüberschaubaren doch noch das Überschaubare zu finden – Petra Moll hat bei ihrem wiederholten Zusammentreffen mit Paris dies alles vermocht.
Sie hat in Paris immer wieder gemalt und sie hat die Stadt dadurch besonders genau gesehen.

Der besondere Moll-Blick gefiel offensichtlich auch den Franzosen – sonst wäre es wohl kaum dazu gekommen, daß die erste Ausstellung von Bildern der Münchner Malerin in Paris stattgefunden hat, 1959 in einer Galerie mit dem hübschen Namen „La belle Héléne". Es waren Hinterglasbilder mit Pariser Motiven, lebendige, farbenfrohe Straßenszenen zumeist; und es waren Bilder von Katzen, die in ihrer geheimnisvollen Rätselhaftigkeit Petra Moll stets angezogen haben.

War das erste malerische Treffen auf Paris beschränkt, so sollten die weiteren französischen Reisen zum Erleben einer Landschaft führen, die Petra Moll dann nie wieder freigegeben, immer wieder angezogen hat: das Tal der Loire, der „Garten Frankreichs". Der mittelbare Anstoß zur Entdeckung dieses Herzstückes französischer Geschichte und Kultur ging von einem Museumsbesuch in Paris aus. Dort hatte die Künstlerin in einer Ausstellung naiver Maler Bilder von Schlössern der Bretagne gesehen, die sie stark beeindruckt hatten; und dabei kam zum erstenmal die Rede auf den Perlenkranz der Schlösser der Loire. „Dabei hat sich in meinem Kopf etwas festgesetzt, was ich nicht wieder losgebracht habe.
Und als ich im nächsten Jahr wieder nach Frankreich fuhr, war die Loire an der Reihe", erinnert sich Petra Moll.

Am Montmartre in Paris

Le Consulat
DINERS
SOUPERS
LE CONSULAT
12
BOULANGERIE
L. CHAUCE
Petra Moll

„Welche Macht der Anziehung vereinigte in diesem Winkel Frankreichs eine solche Anzahl von Wohnsitzen, die – Verführung und Geheimnis ausstrahlend – aus Wäldern, Wiesen und Gewässern emporsteigen? War es das Klima oder die Sanftheit der Landschaft, die Frankreichs Fürsten gefangen nahm? Dort, wo man Sicherheit suchte, fand man Besänftigung und Lust. Im Laufe einiger Jahre verwandelten sich die festen Schlösser, die Grenzen schützten, zu Schlössern der Feste. Sie sind verdichtetes Abbild vom Lauf der Geschichte und der großen Wandlungen des abendländischen Menschen. In Stein gemeißelt, tragen sie sowohl die strahlenden Züge des Geistes wie der Ordnung einer neuen Kultur. Ihnen allen sind die gleichen verborgenen Reize gemeinsam: Zusammenklang mit der Landschaft, deren Zierde sie sind und die sie in gleicher Weise auszeichnet wie die faszinierende Anziehungskraft des längsten und reizvollsten der französischen Flüsse, der sie durch sein breites, leuchtendes Band miteinander verknüpft", beschreibt und rühmt Bernhard Champigneulle, intimer Kenner dieses Landstrichs, dessen Wesen und Faszination.

Diesem Zauber erlag Petra Moll gerne und vollständig: „Die erste Begegnung mit den Schlössern der Loire, das war für mich eine Offenbarung, ich kann das gar nicht ausdrücken. Ich weiß noch, wie wir zum erstenmal auf Schloß Cheverny zugefahren sind, wie das Schloß aus dem Grund, auf uns zuwuchs – ich habe eine Gänsehaut bekommen, so beeindruckt war ich." Und Schloß Cheverny wurde gemalt und signalisierte einen Einschnitt im Arbeiten der Künstlerin auch dadurch, daß dabei das erste Ölbild entstand. Massiv und majestätisch, in klassischer Symmetrie drängt die durch ein doppeltes Gesims gegliederte Fassade empor, die breitgelagerte Ruhe des Bauwerks mit einem Akzent der Lebhaftigkeit versehen durch die ungleich hohe Bedachung von Mittelteil und Seitenpavillons, von Laternen bekrönte Helme. Nicht nur weil es das erste der Loire-Schlösser war, mit dem sie malende Bekanntschaft schloß, nimmt Cheverny eine Vorzugsstellung ein, nicht nur, weil in dem Ort unvergeßliche Eindrücke mit der besonderen Loire-Variante der französischen Kochkunst gesammelt wurden. Schloß Cheverny läßt auch durch seine glanzvolle und durch die Jahrhunderte erhaltene Innenausstattung, eine Ansammlung vorzüglichster Kunstwerke, die Vorstellung vom glanzvollen Leben, welche das Schloß in früheren Zeiten erfüllte, besonders leicht erstehen – in diesem Fall ist geistige Rückversetzung um so eher möglich, da das Schloß auch nach vier Jahrhunderten noch im Besitz der gleichen Familie ist.

Cheverny hat, wie die anderen Schlösser an der Loire auch, seine eigene Geschichte, die es, neben aller baulichen Unterschiedlichkeit, von anderen

Schlössern unterscheidet – und diese Geschichten in der Geschichte, ob wahr, ausgeschmückt oder auch erfunden, machen für Petra Moll den zusätzlichen Reiz dieser Landschaft aus, lassen die Schlösser zu großartigen Bühnen für den Ablauf menschlicher Schicksale werden. Eine solche Geschichte steht auch am Beginn des Schlosses von Cheverny, Bernhard Champigneulle erzählt sie: „Das älteste Schloß Cheverny war eine weitläufige Wohnstätte aus den ersten Jahren des 16. Jahrhunderts, mit wenigen Fenstern und zahlreichen Rundtürmen mit kegelförmigem Dach. Es wurde von Raoul Hurault erbaut, bevor es 1564 der Besitz des Kanzlers Philippe Hurault und des Jacques Hurault, Herrn von Vibraye, wurde. Ihr Nachkomme Graf Heinrich – Cheverny war zur Grafschaft erhoben worden – hatte von frühester Jugend an ausgesprochene Freude an seiner Militärlaufbahn. Er hatte die elfjährige Francoise Chabot, Tochter des Oberstallmeisters von Frankreich, geheiratet. Da der junge Gatte ständig bei der Armee war, langweilte sich die arme Kleine zu Tode. Sie fand einen Tröster. Ihr Gatte erfuhr dies und ob des Affronts vor Zorn rasend, glaubte er, seine Schmach rächen zu müssen, indem er Francoise einen Becher mit Gift und ein Schwert hinhielt. Sie wählte das Gift. Die Strafe für dieses Verbrechen war mild, der König degradierte den Grafen und verbannte ihn auf Lebenszeit nach Cheverny." Heinrich von Cheverny, der dadurch von der Untreue seiner Frau erfahren haben soll, daß er bei einer ausgelassenen Hofgeselligkeit in Paris in einem Spiegel den König hinter sich stehen sah, ein Geweih hochhaltend, verheiratete sich wieder, bekam sieben Kinder und erbaute, wohl auch um die Erinnerung an seine Tat auszulöschen, nach Abbruch des alten das neue, das heutige Schloß Cheverny.

Petra Moll hat die Schlösser der Loire nicht nur malend entdeckt, sie hat über diese Motive ihre Kunst immer wieder gelesen, sie hat sie immer wieder, gemeinsam mit ihrem Mann, fotografiert. Daraus entwickelte sich gar, ungewöhnlich genug, ein ausgefeilter Lichtbildervortrag, eine „Geschichte in Moll" dieser Landschaft, ihrer Bauten, ihrer Menschen. Und zu erzählen gibt es zu diesem Thema unendlich viel.

Zum Beispiel über Schloß Chaumont, das um das Jahr 1500 erbaut wurde und das Petra Moll ebenfalls gemalt hat. Ein Platz, der für die Entwicklung der Romantik, auch und besonders für jene der deutschen Romantik, von großer Bedeutung war – als Germaine de Staël 1810 aus dem Exil zurückkehren durfte, wollte sie Napoleon immer noch nicht in Paris haben und auch nicht in einer Entfernung von weniger als 40 Meilen von der Hauptstadt, so daß der engagierten publizistischen Gegenspielerin des Kaisers Chaumont als zeitweiliger Aufenthaltsort zugewiesen wurde. Dort, hoch über dem Ufer der Loire, auf einem Schloß, auf dem die

Das erste Ölbild der Petra Moll: Schloß Cheverny

Kristallisationspunkt europäischer Romantik: Schloß Chaumont

Denkmal herrscherlichen Selbstbewußtseins:
Chambord, das von Frankreichs König Franz I. erbaute größte der Loire-Schlösser

französische Königin Katharina von Medici einst mit ihrem Astrologen Ruggieri die Zukunft ergründen wollte, hielt Madame de Staël mit ihrem intellektuellen und literarischen Freundeskreis Hof. Madame Récamier, Benjamin Constant, August Wilhelm Schlegel und Adelbert von Chamisso, dem Deutschland zur Heimat seiner Dichtung werden sollte, und viele andere machten die Verbannung aus der Hauptstadt für Madame de Staël erträglich. Chamisso hat das Schloß beschrieben: „Chaumont – auf dem mittäglichen linken Ufer der Loire – liegt wunderherrlich auf einer Höhe. Man hat über die Esplanade des inneren Hofes, wie von den Zinnen der alten, schönen, festen gotischen Türme, die göttlichste Aussicht über den breiten, schönen, gradfließenden Strom und die Landstraße fern am anderen Ufer, in eine reiche, grüne unabsehbare Ebene mit Weinbergen, Ansiedeleien, Staaten und Wäldern." Und Adelbert von Chamisso schrieb auch über die Bewohner von Chaumont: „In dieser alten Burg hausen denn nun die vornehmen Geister alle: der kluge, zierliche, kühle, schwerfällige Schlegel, die dicke, feurige Staël mit leichter, froher, anmutiger Bewegung; der milde, fromme Mathieu de Montmorency; die schöne, anmutige Récamier; der nüchterne, häßliche, kleine, stummlauernde, witzige Sabran; der schöne, zarte Nordländer Bölk; eine kugelrunde, harte, kalte Engländerin; ein guter Teufel von naivem, fröhlichem, zahmem, furchtsamen, gesprächigem italienischem Künstler –, und ich, nach Zauberer Sitte, räuchre denn diese Geisterschar nach Herzenslust ein, worüber sie die seltsamsten Gesichter schneiden."

Adelbert von Chamisso war als Sekretär von August Wilhelm Schlegel nach Chaumont gekommen, welcher wiederum über Jahre treuer Begleiter von Madame de Staël, die auf dem Schloß an der Loire ihr berühmtes Buch „De l'Allemagne" – „Über Deutschland" schrieb, auf ihrer Stationen-reichen Lebensreise durch Europa war. So fand denn der von Zuneigung zur Gastgeberin erfüllte Schlegel freundlichere Worte als Chamisso über das Leben auf Chaumont – und begeisterte Worte zum Lob von Schloß und Landschaft: „Ich schreibe hier, an den wegen ihrer Lieblichkeit gepriesenen Ufern der Loire, gerade zwischen Blois und Amboise, auf einer alten stattlichen Burg, mit runden unverwüstlichen Türmen umbollwerkt, ehemals von Königen besessen und bewohnt, wo ein Zauberer, Katherinen von Medici zu Gefallen, die höllischen Geister beschworen, um ihr die Schicksale ihrer Nachkommenschaft erscheinen zu lassen. Daß es Nostradamus gewesen, ist ein Irrtum in der Zeitrechnung; mit allem übrigen hat es seine vollständige Richtigkeit. Dies ritterliche Schloß liegt auf einem Felsen, zu unseren Füßen das Dorf, zweihundert Stufen führen zu uns herauf, die Heerstraße zieht sich jenseits hin. Die Freunde, die uns besuchen wollen,

Schloß Anet, erbaut für die schöne Diana von Poitiers

müssen erst ihren Charon finden, der sie zu uns abgeschiedenen herüberbringt; aber wie in den elysäischen Gefilden, so gibt es auch um uns her blühende Gebüsche, worin die Nachtigallen unaufhörlich singen."

Was der Deutsche Schlegel zu Beginn des vorigen Jahrhunderts tat, ein Preislied auf die Schönheit der Landschaft der Loire zu singen, haben französische Dichter schon Jahrhunderte zuvor getan. Francois Rabelais hat im 16. Jahrhundert die Touraine als „Garten Frankreichs" gerühmt; Jean de La Fontaine, der Dichter der berühmten Fabeln, hat in einem Preislied auf den Fluß die Zeile geschrieben „Das Schönste aber, ohne Zweifel, ist die Loire", um dann fortzufahren: „Mit Pracht und Glanz / Strahlt ihr kristallnes Leuchten; / Und es gebührte Frankreichs Garten / Ein solcher Wasserlauf"; und Honoré de Balzac, der in Tours geborene, hat das Land an der Loire immer als sein Paradies verstanden und auch so beschrieben.

Petra Moll hat dieses Land kreuz und quer durchfahren, sie hat sein Wesen erfahren, sie hat seine Schlösser gemalt: Chambord, dieses Zeugnis stolzen Selbstverständnisses Franz I., ein Bauwerk mit vierhundertvierzig Zimmern und ebenso vielen Kaminen, mit seiner berühmten doppelläufigen Treppe, mit zwölf weiteren großen Treppen und dreißig Nebentreppen, mit einem Park, dessen Umfassungsmauer, die längste in Frankreich, zweiunddreißig Kilometer mißt. Ussé, unweit der Mündung des Nebenflusses Indre in die Loire in leuchtendem Weiß vor dunkler Waldfront gelegen, im 18. Jahrhundert Charles Perrault als Traumort seines Märchens vom Dornröschen dienend. Blois, das Renaissancedenkmal König Franz I., in düsterer geschichtlicher Erinnerung, weil dort Heinrich III. den mächtigen und zum Rivalen gewordenen Herzog von Guise ermorden ließ.

Rund ein Dutzend der zahlreichen bekannten unter den zahllosen unbekannten Schlössern der Loire hat Petra Moll in festlicher Farbigkeit gemalt, selbstverständlich auch Chenonceaux, eines der von Aussehen und Geschichte individuellsten Schlösser in dieser Region. Dieses architektonische Wunderwerk, in einen Fluß hinein und über einen Fluß, den Cher, hinweggebaut, mußte eine Malerin wie Petra Moll mit ihrer Vorliebe für die Kunst der Vedute, der ungewöhnlichen zumal, anziehen. Und die Künstlerin aus München hat das ungewöhnliche Schloß im fernen Frankreich auf ungewöhnliche Weise gemalt: Auf dem Bild im Bilde zeigt sie Diana von Poitiers, lange Zeit Herrin von Chenonceaux. Anfang des 16. Jahrhunderts hat sich ein königlicher General-Finanzpächter Chenonceaux erbaut. Als er starb – bei einer Überprüfung seiner Amtsführung ergab sich, daß er dem Schatzamt 190 000 Taler schuldig war – ging das Schloß in den Besitz König Franz I., dann in jenen des Nachfolgers Heinrich II., über. Dessen Geliebte, die schöne Diana von Poitiers, setzte sich gegen die Gemahlin des Königs, Katharina von Medici, durch und erhielt Chenonceaux, das zu einem Platz der Feste und der Freude wurde. „Der Einzug in Chenonceaux erfolgte über eine lange Allee, die auf den Seiten von Kanälen begrenzt war, denen singende Sirenen entstiegen; ihnen antworteten die aus dem Wald heraustretenden Nymphen. Bei diesen Klängen kamen die Satyre, die sie nach Anhören des Gesanges rauben wollten. Fahrende Ritter sprangen herbei, um sie zu verteidigen, und alle zusammen kamen, nachdem sie unzählige Schwertschläge ausgetauscht hatten, um dem König zu huldigen. Jetzt ertönten von den Galerien und vom Schloß zahllose Kanonenschüsse, ein Feuerwerk wurde abgebrannt", heißt es in einem Bericht über einen königlichen Einzug auf das Schloß.

Die Schloßherrinnenrolle von Chenonceaux endete für die vielgeliebte und vielgehaßte Diana an dem Tag, an dem König Heinrich II. bei einem Turnier vom Hauptmann seiner Garde versehentlich erstochen worden war. Die Zeit der Rache an der Rivalin war für die Königin gekommen. Diana, von den größten

Straßenszene bei den früheren Markthallen von Paris

Künstlern ihrer Zeit gemalt und in Stein gehauen, mußte das Schloß räumen. Warum Katharina von Medici so sehr auf Chenonceaux versessen war, dieses weithin wegen seiner Schönheit gepriesene Schloß, geht aus allen Zeugnissen hervor, die von der Einmaligkeit dieses Baus künden. Jean Jacques Rousseau, der dort einige Zeit als Hauslehrer wirkte, war nicht weniger beeindruckt als der im vorigen Jahrhundert reisende schlesische Fürst Hermann Pückler-Muskau oder als Gustave Flaubert, der vor hundert Jahren dort viele Monate verbrachte. Flaubert schreibt: „Ich vermag schwer die einzigartige Sanftheit und aristokratische Heiterkeit, die das Schloß Chenonceaux atmet, zu schildern. Am Ende einer großen Allee gelegen, vom Dorf etwas entfernt, das sich respektvoll abseits zu halten scheint, von Wald umgeben, inmitten eines weiten Parks mit schönen Rasenflächen, auf Wasser gebaut, streckt es seine Türmchen und seine viereckigen Schornsteine in die Luft. Der Cher fließt murmelnd unter den hohen Bogen dahin, deren scharfe Kanten seine Wasser durchschneiden. Seine Geschmeidigkeit ist robust und sanft zugleich, und seine stille Melancholie ohne Langeweile oder Bitterkeit.“

Das Gegenteil von Langeweile und Bitterkeit, aufgeregte Entdeckerfreude und schlicht und einfach Glück erfüllt Petra Moll jedesmal, wenn sie an die Loire kommt, wenn sie schaut, erlebt und skizziert, wenn sie dann das so Erfaßte umsetzt in Bilder. „Die Klarheit der Farben, die Weite des Himmels, die die Nähe des Atlantik an manchen Tagen spüren läßt, der Fluß und seine Landschaft, die Schlösser und die Städte, nicht zuletzt natürlich die Menschen mit ihrer eigenen, anderen Lebensart, all das klingt in mir zusammen, wenn ich hier bin – die Arbeit des Malens wird zur reinen Freude“, umreißt Petra Moll den großen Gesamteindruck, der sich nie abgenutzt, sondern bei jeder neuen Begegnung mit der Loire wiederholt und gefestigt hat. Obwohl sie seit Anfang der sechziger Jahre schon zahlreiche Schlösser gemalt hat, ist das selbst gesteckte Programm dessen, was sie dort noch malen will, keineswegs erfüllt.

„Für die unendliche Liebe, die mein Herz erfüllte und die keine andere Nahrung hatte als einen eben erst erblickten Gegenstand, fand ich den Ausdruck in dem langen Band des Flusses, der in der Sonne zwischen zwei grünen Ufern dahinfließt, in den Linien der Pappeln, die mit ihren beweglichen Blättern wie ein Spitzengewebe dieses Tal der Liebe schmücken, in den Eichenwäldern, die auf Abhängen zwischen Weingärten liegen und von dem Fluß in immer verschiedenen Windungen umgeben werden, und in dem verschwommenen Horizont, der in der Ferne unserem Blick entgleitet. Wenn du die Natur schön und jungfräulich wie eine Braut sehen willst, mußt du an einem Frühlingstag dort weilen.

Wenn du die blutenden Wunden deines Herzens beruhigen willst, komm in den letzten Herbsttagen hierher. Im Frühling strömt dort alles Liebe aus, im Herbst denkt man an die, die nicht mehr sind." Honoré de Balzac hat diese Liebeserklärung an das Land an der Loire geschrieben.

Petra Moll hat mit der Aussage ihrer Bilder Ähnliches im Sinn: Liebeserklärung an eine Landschaft, die ihr menschlich wie künstlerisch viel gegeben hat, und die auf der Liste ihrer Traumreiseziele immer ganz obenan stehen wird.

Schloß und Herrin – Chenonceaux und Diana von Poitiers

Unter dem Himmel des Chiemgaus

Ein Hof und seine Menschen

„Die Wiesen des Chiemgaus blühen, in den Vorgärten der Bauernhäuser duftet es nach Flieder und auf den Balkonen leuchten die Geranien. In Dieding, fünfzehn Kilometer südöstlich des Chiemsees, biegen wir von der Hauptstraße in einen Feldweg ein zum Brennerhof, ein Gebäudekomplex aus dem 19. Jahrhundert. Geschnitzte Holzfassade, Malerei über den Fenstern, ein großer Apfelgarten umgibt den Hof. Am Eingang grüßt ein altes Grenzschild: Königreich Bayern. Hier wohnt die Malerin Petra Moll." In keiner Geschichte über Petra Moll, und es sind in den letzten Jahren hunderte davon erschienen, in Zeitungen und Zeitschriften aller Art, im Inland und im Ausland, fehlt eine solche oder ähnliche Passage. Aus gutem Grund: der Brennerhof, überlieferter Hausname des Anwesens seit Jahrhunderten, spielt im Leben Petra Molls und ihrer Familie eine zu wichtige Rolle, als daß er bei einer Schilderung von Leben und Werk der Malerin übergangen werden könnte. Und zudem ist dieser alte Vierseithof unter dem Himmel dieser kernbayerischen Landschaft um den Chiemsee viel zu schön, ein wahres Schmuckstück, als daß er übergangen werden könnte.

Der Widerspruch ist nur auf den ersten Blick gegeben: Petra Moll, die so sehr an München hängt, die für sich und ihre Kunst so unverzichtbar die Stadt braucht, in dörflicher Zurückgezogenheit auf einem Bauernhof? Dazu die Malerin: „Das paßt nicht nur zusammen, das ergänzt sich sogar in einer für meine Kunst, für mein und meiner Familie Leben schlechthin wunderbaren Weise.
Um die Eindrücke zu gewinnen, die ich für meine Bilder brauche, die Anstöße, die Anregungen, ist ein gewisser Wechsel notwendig: jedesmal, wenn ich vom Atemholen auf unserem Brennerhof nach München zurückkomme, stellt dies für mich auf irgendeine Art eine Neuentdeckung dar." Das Atemholen indessen ist nicht wörtlich zu nehmen: Das nämlich, was sich heute Freunden und Gästen der Familie Moll in dem winzigen Dorf Dieding präsentiert, ist das Ergebnis langjähriger, harter und unverdrossener Arbeit, einer Arbeit, die zudem kein Ende nimmt – und die in der Vergangenheit durchaus zu manchem fragenden Stoßseufzer dahingehend führte, ob denn die Entscheidung für den Kauf dieses Hofes so sinnvoll gewesen sei. Aber das waren immer nur kurzfristige Zweifel – man spürt

der Familie an, was ihr dieser Besitz, der dies insbesondere durch die Arbeit der eigenen Hände wurde, bedeutet.

Anfang der sechziger Jahre hatte sich die Familie Moll auf die Suche gemacht. Die Wohnung in der Münchner Landwehrstraße, nicht allzu groß, gab den Anstoß, sich nach einem zusätzlichen Platz umzusehen, irgendwo an einem schönen Fleck im oberbayerischen Land. Die Suche gestaltete sich schwierig, zog sich Jahre hin, bis es 1965 zur entscheidenden Begegnung und zum Entschluß kam. Empfehlender Zufall führte nach Dieding; entschlossen und bereit, sich einer Herausforderung zu stellen, langten die Molls zu. Und eine Herausforderung war diese Erwerbung wirklich. „Als die Familie Moll das Anwesen erwarb, glaubten ihre vielen Freunde und Bekannten, daß dieser Kauf nur nach dem Genuß von drei Flaschen Cognac hatte zustandekommen können. Denn in der Tat, was sich hier als Bauernhof präsentierte, verdiente diese Bezeichnung nur noch recht bedingt. Es befand sich wahrlich in einem bedauernswürdigem Zustand. Aber Petra Moll sah nicht das altersschwache Gebäude vor sich; ihre künstlerische Begabung, jedes Motiv in ein freudliches Licht zu tauchen, ließ sie weiter blicken. Vor ihr stand schon damals der Hof in seiner jetzigen Gestalt. Heute weiß sie, daß sich das Wagnis gelohnt hat“, zog ein Beobachter nach den ersten drei Jahren Zwischenbilanz.

Stück für Stück haben die Molls in schweißtreibender Familienarbeit ihren Hof in Ordnung gebracht, haben gemauert und gemalt, geschreinert und geflickt – das Dach beispielsweise, haben den Verfall beendet und haben einen Hof, der von seiner angestammten Umwelt schon weitgehend aufgegeben war, zu neuem Leben erweckt. Richard Moll, vierzig Jahre lang in einer bayerischen Großbank tätig, wo ihm neben der unmittelbaren beruflichen Arbeit der Jahrzehnte währende Einsatz für die Kollegen im Betrieb ein unverwechselbares persönliches und menschliches Profil gab, entfaltete an den Wochenenden eine handwerkliche Bandbreite, deren zu fachlicher Reife gediehene Qualität immer wieder bestaunt wird. Die Molls richteten den Brennerhof nicht nur wieder her, sie richteten ihn auch wieder ein, erfüllten ihn mit Leben. Die Eltern und die beiden Söhne, neben dem jüngeren Christian der ältere Peter, packten gemeinsam zu.
Schon frühzeitig sammelten die Molls, was andere achtlos wegwarfen. Der sichere Blick für das Echte, im Handwerklichen wie im Künstlerischen, ließ ein Haus- und Hofinventar zusammentragen, das sich, in harmonischer Verbindung mit der gewachsenen Ursprünglichkeit des Hofes, zu einer nahezu lückenlosen Bestandsaufnahme ländlich-bäuerlicher Vergangenheit im Chiemgau fügt.
Dabei, und dies macht die innere Qualität der Moll-Heimstatt Brennerhof aus,

Schmuckstück im Chiemgau – der „Brennerhof" der Familie Moll

Der Anfang der Hinterglasmalerei

ist jeder falsche Ton vermieden, jedes Unechte verbannt, Salon-Bauerntum findet nicht statt. Das Ganze ist in das Leben der Familie Moll integriert und jedes Stück auf dem ganzen Hof liegt oder hängt dort, wo es organisch hingehört.

Dieser Platz in einer der reizvollsten bayerischen Landschaften hat im Dasein der Petra Moll einen hohen und zweifachen Stellenwert: „Der Brennerhof ist der Ort, auf den ich mich selbst zurückziehen, auf dem ich allein sein kann, wo ich den notwendigen Abstand gewinne; es ist aber auch der Ort der Familie, für meinen Mann, für meine Söhne, für meine Mutter, für meine beiden Enkelkinder Christine und Sabine. Das ist das eine. Das andere: Der Brennerhof ist für uns der Ort der Begegnung mit unseren Freunden und Bekannten, ein Ort der Feste." In der Tat, der Brennerhof ist nicht ländlich-gewollte Kulisse, auch nicht Heimatmuseum, er ist ein Platz lebendiger Fröhlichkeit und individueller Gastlichkeit. Ein Fest bei den Molls, im hohen Sommer ebenso wie im frühen Herbst – man begreift, daß Lebensfreude alle Bilder der Petra Moll durchzieht, weil die Freude am Leben ein Wesenselement der Malerin ist. Wenn bodenständige Musik gemacht wird, wenn auf der Bühne, die über dem ehemaligen Stall liegt, munteres Laienspiel vor sich geht, wenn ein leibhaftiger Regierungspräsident von Oberbayern geschult-gekonnt singt, wenn ein Staatsopernintendant in heftige kulturpolitische Diskussionen versinkt, wenn ein mundartdichtender Professor vom Verseschmieden berichtet, wenn ein erfolgreicher Jugendbuchautor von neuen Plänen erzählt, wenn Malerkollegen Flohmarkterfahrungen in Arezzo schildern, wenn aus dörflicher Nachbarschaft selbstgebackener Kuchen gebracht wird, wenn der Leberkäs verlockend auf den Tellern dampft, wenn Richard Moll treffsicher den Bierhahn ins Faß treibt – dann ist Festtag auf dem Brennerhof, farbiges Leben in Haus und Hof.

Petra Moll sagt von sich, daß sie ein Mensch ist, der andere Menschen mag. Das drückt sie auch auf ihren Bildern aus: „Sonst würde ich die Menschen nicht immer eng zusammenstellen, sie miteinander reden, Kinder miteinander spielen lassen." Die gelegentlich an Petra Moll gestellte Frage, ob sie denn nicht das Elend in der Welt sehe, ob sie es denn angesichts dessen verantworten könne, eine „heile Welt" zu malen, vermag die Künstlerin nicht zu provozieren: „Ich weiß um menschliches Elend, meine Generation hat es erlebt, auch ich bin durch den Krieg gegangen. Gerade deshalb aber kann ich es nicht als meine Aufgabe erkennen, Menschen ständig auf das Elend hinzuweisen, ihnen Bilder zu malen, die für sie eine freudlose Gasse sind. Da gibt es andere, die das machen, das muß nicht ich sein, das ist nicht meine Natur." Petra Moll will das malen, was sie malen kann, das, womit sie sich auseinanderzusetzen und zu identifizieren vermag: „Und ich will einfach etwas Fröhliches malen, etwas, was die Menschen freut."

Ebenso wenig, wie sich Petra Moll in ihrer Malerei von außen verordneten, in Modetrends und Zeitströmungen enthaltenen Zwängen unterordnen will, ebenso wenig versucht sie, gerade was die Bilder anderer Maler angeht, mit einem fertigen oder gar vorschnellen Urteil ihre eigene Position für verbindlich zu erklären: „Jeder Maler hat seine perslönliche, eigenständige Ausdrucksform – eine Bewertung könnte ich doch nur abgeben, wenn ich mich völlig in des anderen Wesen hineindenken könnte, und das halte ich für unendlich schwer."
Trotz vieler Kontakte zu malenden Kollegen deshalb: „Im Grunde ist es so, daß jeder letzten Endes seine Träume für sich allein träumen will und träumen muß."

Zum Träumen ist der Brennerhof nicht weniger geeignet denn zum Festefeiern. Winterliche Wochende vor allem sind Tage solchen Träumens, auch des Nachdenkens, über Erreichtes, über Geplantes, darüber auch, welch schicksalhafter Fügungen es bedurfte, um Petra Moll zu der anerkannten, bekannten und erfolgreichen Malerin werden zu lassen, zu der sie geworden ist.

Geboren wurde Petra Moll am 3. April 1921 in dem sächsischen Ort Crumbach, zwischen Chemnitz und Döbeln gelegen. Der Vater, Dekorationsmaler von Beruf und während des Ersten Weltkrieges Geschäftsführer einer Tapetenfabrik in Wien, hatte dort die Mutter, eine Österreicherin, kennengelernt und geheiratet, eine Mutter, die in hohem Alter und in großer Rüstigkeit im Leben Petra Molls – und sie ist glücklich darüber und dankbar dafür – immer noch einen wichtigen Platz einnimmt. Die elterliche Mischung führte dazu, daß Petra Moll und ihre beiden Geschwister zum Teil in Sachsen, zum Teil in Österreich aufwuchsen, dort, in Bischofshofen, wo die Mutter ein Haus hatte, zur Schule gingen.

Kindliche Berufswünsche, die das Mädchen Petra hatte und über die sie zeitlicher Abstand heute freundlich lächeln läßt, blieben unerfüllt. Dieser Traum von einem Dasein als Tänzerin oder Schauspielerin zerbrach auch an der harten wirtschaftlichen Wirklichkeit der zwanziger und dreißiger Jahre. Der Vater verlor in der Zeit der Wirtschaftskrise seine Existenz, eine eher praktisch orientierte Berufsausbildung für die Kinder war geboten. Die Entscheidung für die Ausbildung als technische Zeichnerin, als Architekturzeichnerin fällten Eltern und Tochter aber durchaus in Übereinstimmung, Petra Moll sagte gerne ja – und traf damit eine Weichenstellung, die dann doch für ihre spätere Arbeit als Malerin nicht ohne Bedeutung sein sollte. Dem Abschluß der Ausbildung folgten die Jahre erster

Vater und Mutter . . .
. . . die Tochter auf dem obligatorischen Fell . . .
. . . und auf Reisen mit Eltern und Schwester

Berufstätigkeit, bezeichnend und bedeutsam gleichermaßen, daß dieser Start in München erfolgte.

Einen besonders tiefen Einschnitt im Leben der Petra Moll stellte dann der Zweite Weltkrieg dar. Zu Anfang des Krieges hatte sie ihren ersten Mann kennengelernt und geheiratet. Dessen Beruf, Schauspieler und Spielleiter, brachte die spätere Malerin mit einem Metier in Berührung, das sie schon immer über die Maßen fasziniert hatte. Die Verhältnisse der Kriegszeit indessen brachten es mit sich, daß dieser einstige Kindheitswunsch eine abenteuerlich-gefährliche Umsetzung in die Wirklichkeit erfuhr. Wo ihr Mann mit seinem Theater im Fronteinsatz war, ob in Frankreich oder in Rußland, war Petra Moll dabei – „und dann durfte ich schon ab und zu einen Stuhl über die Bühne tragen". Sie durfte auch gelegentlich eine Ansage machen, Berührungspunkte mit dem Theater, die dann insgesamt dazu führten, daß sie zu einer Schauspielerprüfung in Berlin zugelassen wurde: „Ich habe die Rolle der Prinzessin Eboli aus dem ‚Don Carlos' sprechen und mich dabei auf einen Stuhl setzen müssen – und da habe ich mich danebengesetzt. Aber ich bin nicht nur deswegen durchgefallen." Immerhin – auf Umwegen gelang es ihr, eine Sonderbescheinigung zu bekommen, die ihr die berufliche Qualifikation als Ansagerin und Kabarettisten bestätigte.
Solch anekdotisch-heitere Erinnerung ist freilich nur ein sehr kleiner Ausschnitt der Erlebnisse jener Zeit. Ein ganz anderes Beispiel belegt dies: während des Fronteinsatzes in der Nähe der russischen Stadt Minsk geriet die Theatergruppe in einen Partisanen-Hinterhalt, Petra Moll mußte eine Nacht auf dem Boden unter einem Auto verbringen. Schwere Erfrierungen waren die Folge, was dazu führte, daß noch viele Jahre nach dem Krieg das Hantieren mit dem linken Arm schwierig und schmerzhaft war.

Als der Krieg zu Ende war, kam Petra Moll zunächst zu ihrer Mutter, die damals in Salzburg lebte. Ihr Mann, schon im Ersten Weltkrieg sehr lange in Kriegsgefangenschaft, verlor durch den Zweiten nicht nur seinen Besitz, sondern auch seinen Lebensmut, wollte allein bleiben, um wieder Fuß zu fassen.
Das Ehepaar lebte sich auseinander.

Diese Erfahrungen, die sich so gar nicht in den Bildern der Künstlerin widerspiegeln und in denen Freude und Fröhlichkeit dominiert, machen für Petra Moll feste Standpunkte seitdem um so wichtiger, sichere Bezugspunkte im Menschlichen zumal. Die Stabilität von Ehemann Richard Moll gewinnt auch von daher ihren wichtigen Rang und ihre geliebte Unentbehrlichkeit im Leben der Künstlerin, auch wenn sie das, übertriebener Offenlegung von privaten

Petra und Richard Moll

Gefühlen eher abgeneigt, gerne mit der heiteren Bemerkung, daß es für eine Malerin stets vorzüglich sei, mit einem pensionsberechtigten Bankfachmann verheiratet zu sein, abzutun pflegt.

Neben dem menschlichen bildet der Brennerhof den konkreten geographischen Bezugspunkt, einen Platz, wo man eigenen Boden unter den Füßen hat, wo Herz und Gemüt durchatmen können, wo man weiß, was einem gehört und wohin man gehört. Wo man das hat, was Petra Moll gerade hier, unter dem besonderen weiten und blauen Himmel des Chiemgaus für sich gefunden hat: ein Stück Heimat.

Malen macht Schule

Die Schulreform der Petra Moll

Angefangen hat es mit dem leerstehenden alten Schulhaus von Lindach, jenem Ort im Chiemgau, zu dem Dieding gehört, wo der Brennerhof der Familie Moll liegt. Diese ungenutzten Räume mit neuem Leben erfüllen durch einen völlig unkonventionellen Unterricht, im Malen nämlich – die Idee kam auf in einem Gespräch mit Freunden, geboren auch aus vielen Anfragen an Petra Moll, ob denn keine Möglichkeit bestünde, von ihr eine gewisse Einführung in die Hinterglasmalerei zu erfahren, Anfangsgründe technischer Art zu lernen. Zunächst zögerte und zweifelte die Künstlerin, ob denn wirklich breites Interesse für eine solche Einrichtung vorhanden sei, aber auch, ob sie sich solche Belastung zusätzlich auftun könne. Es kam aber, wie es kommen mußte: Der Reiz einer neuen Herausforderung siegte über vorhandene Bedenken.
Die äußere Voraussetzung für die „Malschule Petra Moll" schuf durch sein Entgegenkommen der Bürgermeister der Stadt Trostberg, wohin Lindach auf dem Wege der Gebietsreform eingemeindet worden war: er stellte das Schulhaus zur Verfügung. Der Schulreform der Petra Moll stand nichts mehr im Wege, denn nur einige Hinweise darauf, daß es unter Anleitung der Malerin in ländlicher Chiemgau-Abgeschiedenheit die Möglichkeit zum Erlernen der Hinterglasmalerei gebe, hatten bereits zu einer zunächst nicht erwarteten hohen Zahl von Anmeldungen geführt. Am 21. August 1972 war es soweit. Der Trostberger Bürgermeister sprach bei der Eröffnung des ersten Malkurses stolz davon, daß die bayerische Kulturlandschaft durch die Verwirklichung dieser Idee einen weiteren frohen „Farbfleck" bekomme. Und die Trostberger Zeitung berichtete am nächsten Tag von der Aufnahme eines ungewöhnlichen Schulbetriebes: „In der Lindacher Schule hat am gestrigen Montag die Schule begonnen, und zwar eine, in der es keine Ferien im üblichen Sinne gibt. Die größtenteils weiblichen Schüler kamen auch nicht mit Lese- und Rechenbuch angereist, sondern mit dem Zeichenstift, Pinsel und sonstigen Malutensilien. Auch kamen sie nicht aus den umliegenden Bauernhöfen, wie dies früher, in den langen Jahren des Bestehens der Volksschule Lindach der Fall war, sondern aus allen möglichen Orten der Bundesrepublik, aus München, Bonn und Hamburg, dazu auch aus der Schweiz und aus Österreich."

Arbeit und Ergebnis:
Petra Moll und die Kirche von Ambach

Mit kaum einer ihrer Ideen hat Petra Moll so viel Publizität gewonnen wie mit ihrer Malschule. Zeitungen und Zeitschriften des In- und Auslandes haben über diese kreative Aktivität berichtet, Rundfunk und Fernsehen ebenso. Die Vorstellung, von einer bekannten Künstlerin in Hinterglasmalerei unterrichtet zu werden, faszinierte nicht nur die Beobachter, sondern vor allem jene, die sich unmittelbar angesprochen fühlten, die für zwei oder auch vier Wochen in den sommerlichen Chiemgau kamen, eine für sie bis dahin völlig neue Art persönlicher Entfaltung und Selbstverwirklichung zu finden. Dabei machte das Beispiel von Petra Moll in vielfacher Hinsicht Schule. Nach ihrem Vorbild schossen, wie sie registrierte, in den Jahren nach 1972 Malschulen und Malkurs-Angebote wie Pilze aus dem Boden. Das Wissen, daß für jeden ernsthaften Interessenten irgendwo die Möglichkeit einer malerischen Starthilfe gegeben ist, hat des Petra Moll dann erleichtert, mit dem Kurs des Jahres 1980 ihre Malschule zu schließen. Weil die Künstlerin alles, was sie tut, mit Ernst und vollem Einsatz tut, war die Malschule für sie immer eine Sache, die menschlich wie künstlerisch die ganze Person gefordert hat. Rund 500 Teilnehmer haben die Malkurse in Lindach besucht. Die Bilanz, die Petra Moll aus dieser Arbeit zieht, fällt zufriedenstellend aus: „Ich habe acht Jahre lang mein Bestes gegeben, ein Stück von mir und meiner Kunst weitergegeben, sehr vielen Menschen ein bißchen Glück und Freude gebracht."

Diese Freude war in den privaten Ausstellungen, mit denen die Kurse zu Ende zu gehen pflegten, besonders spürbar. Wenn zu diesem Anlaß, mit einem fröhlichen Abschiedsfest verbunden, die Ehemänner anreisten und sahen, was ihre Frauen gelernt und gemalt hatten, waren dies nicht selten Augenblicke völliger Überraschung und menschlicher Neuentdeckung. „Die Männer sahen die Bilder ihrer Frauen und schauten daraufhin diese selbst an, als ob sie sie das erste Mal sehen würden. Viele Männer konnten es nicht fassen und wollten es nicht glauben, daß dieses oder jenes Bild von ihrer Frau gemalt worden war", erzählt Petra Moll und spricht damit eine Erfahrung an, die sie in ihren Malkursen durchgehend machte: neben der praktischen Seite, dem Erlernen maltechnischer Grundbegriffe, waren die Wochen in Lindach für die Teilnehmer, die allermeisten von ihnen Frauen, eine Chance für eine Selbstbestätigung, die sie anderswo nicht so ohne weiteres zu finden vermochten.

Die schon im ersten Kurs zu verzeichnende Internationalität der Teilnehmer hielt die ganzen Jahre über an; die Vielfalt hier, ob aus Österreich und der Schweiz, ob aus Holland oder Schweden, fand sich auch in der altersmäßigen Zusammensetzung, die vom fünfzehnjährigen Mädchen bis zur bald achtzigjährigen Dame reichte. Und viele kamen nicht nur einmal oder zweimal, manche der Malschülerinnen sind bis zu sechs Mal dabeigewesen. Der menschliche Aspekt einer solchen individuellen „Schule" war zwangsläufig von besonderer Wichtigkeit. Petra Moll: „Viele, die schüchtern, in sich gekehrt angereist waren, waren bei ihrer Abreise wie ausgewechselt, als wenn die Seele gestrahlt hätte." Es entwickelten sich Freundschaften unter den Teilnehmerinnen, es formten sich zwischen der Künstlerin und mancher ihrer Schülerinnen dauerhafte menschliche Beziehungen. Wenn Petra Moll in den vielen Briefen nachliest, die sie von dankbaren Malschülern bekommen hat und immer noch erhält, weiß sie am eindringlichsten, daß sich die Mühe um ihre Malschule menschlich gelohnt hat.

Bedenken, ihr Wissen und Können, zumindest in den technischen Ansätzen, an eine große Zahl anderer Menschen weiterzugeben, hat Petra Moll nie gehabt: „Moll-Bilder kann nur ich malen, selbst wenn sich jemand anderer noch so darum bemühen würde, es kämen nie Moll-Bilder zustande." Von den hunderten von Malschülern hat auch kaum jemand versucht, sich imitierend zu betätigen, „hinter mir her zu malen", wie es die Malerin nennt. Gerade die begabtesten ihrer

Schülerinnen haben solcher Verlockung fast ausnahmslos widerstanden, haben im Gegenteil ihre eigenen Ausdrucksformen gesucht.

Petra Moll hat die Idee ihrer Malschule nicht einen Augenblick dahingehend verstanden, daß des dabei ihre Aufgabe sein könnte, „Künstler zu produzieren“. Die Künstlerin glaubt aus ihrem Erleben und aus ihrer Erfahrung heraus, daß Malen glücklich macht. Aus dieser Überzeugung entstand der Versuch, begünstigt von dem Umstand der konkreten Möglichkeit im alten Schulhaus von Lindach und angeregt von vielfachen Fragen und Bitten, anderen auf diesem Moll-spezifischen „Weg zum Glück“ Hilfestellung zu geben. Es ging nie darum, große Talente zu entdecken, Genies gar, auch nicht darum, Grundlagen für Profi-Karrieren zu legen. Es ging der Malerin bei diesem jahrelangen Einsatz, der ihr ebenso künstlerisch-menschliche Herausforderung war wie er ihr außerordentlich viel Freude bereitet hat, darum, den Besuchern der Malschule dabei zu helfen, sich auf eine neue Art artikulieren, sich konzentrieren, Freizeit sinnvoll und individuell nutzen und gestalten zu können. Es ging darum, den Besuchern der Malschule beim Sehen-Lernen zu helfen, und darum, das Gesehene zu erfassen und malerisch auszudrücken.

Die Ergebnisse dieser gemeinsamen Arbeit der malenden Schüler und der lehrenden Malerin waren nicht nur bei der jeweiligen Abschlußausstellung zum Ende eines Kurses in Lindach zu sehen. Die Kontakte von Petra Moll führten zu einer bemerkenswerten Ausstellung von Bildern ihrer Malschülerinnen, in achtzehn Städten in der ganzen Bundesrepublik Deutschland gezeigt und von einem Katalog begleitet. Auch ein Kalender mit Bildern aus der Malschule kam zustande. Darüber hinaus hat Petra Moll doch einigen besonders talentierten Schülerinnen mit Rat und Tat weitergeholfen, hat Illustrationsmöglichkeiten für Bücher vermittelt, hat helfende Empfehlungen für andere Ausstellungen gegeben.

Alles in allem sind die Malschul-Erfahrungen der Petra Moll ein Abschnitt in ihrem Leben, in ihrer Arbeit, den sie auf keinen Fall missen möchte. Warum dies so ist, belegt die Malerin mit einer Stelle aus einem Brief. „Die Wochen in der Malschule bei Ihnen, das war die schönste Zeit meines Lebens“, hat ihr eine sechzigjährige Teilnehmerin geschrieben. Dazu Petra Moll: „Was kann oder will ich mehr an Bestätigung dafür erlangen, daß diese meine Arbeit gut und sinnvoll war.“

Das alte Schulhaus von Lindach,
in dem acht Jahre lang die Malkurse der Petra Moll gehalten wurden

Pläne ohne Ende

Leben, Sehen, Malen

Über die Gründe des Erfolges der Malerin Petra Moll ist in den vergangenen Jahrzehnten viel geschrieben worden, eines Erfolges, der die Künstlerin selbst zwar freut, sie aber nie in die Gefahr eigener Selbstüberschätzung gebracht hat. Das Stehen auf den Boden der Tatsachen, ein gesunder Realismus, eine stets erfrischende „Normalität“ haben Petra Moll, was bei anderen ähnlichen künstlerischen Karrieren durchaus nicht immer der Fall ist, daran gehindert, ihr menschliches Maß, ihr sicheres Urteil zu verlieren. Petra Moll wollte und will mit ihren Bildern Freude machen – und sie glaubt, daß sie dieses Ziel erreicht hat. Und diesem Ziel wird ihre weitere Arbeit gelten.

„An den Wänden hängen und stehen Petra Molls Bilder. Man schaut und schaut – und man spürt dabei, wie einem das Herz leicht und heiter wird“, hat vor fünfzehn Jahren Eva Schwalbe in einem großen Moll-Porträt in der „Augsburger Allgemeinen“ geschrieben und dabei das Bestimmende für den Erfolg der Moll-Bilder angesprochen: „Es ist eine heile Welt, die dargestellt wird, weder angekränkelt noch verfremdet. Und gestehen wir es uns doch ein: ist nicht in jedem von uns, die wir in einer materialisierten, technisierten Welt leben, ein Rest von Sehnsucht nach einem Zipfelchen von der guten, alten Zeit, nach ein wenig Romantik und Poesie? All dies finden wir in Petra Molls Bildern. Deshalb sind sie auch für alle Menschen verständlich, für Greise und Kinder, für Intellektuelle und Wirtschaftsmagnaten. Auf die Augen kommt es an, mit denen man Menschen und Dinge betrachtet. Petra Moll nähert sich ihnen mit liebendem Herzen. Deshalb sind ihre Bilder von einer stillen Heiterkeit, die auch den Beschauer fröhlich machen kann.“

Man spürt das Bemühen um nüchterne Ehrlichkeit, wenn Petra Moll über sich und ihre Kunst nachdenkt, darüber, was aus eher zufälligen Anfängen geworden ist, darüber auch, wo sie heute steht: „Ich habe, als ich ernsthaft zu malen anfing, nie gedacht, daß ich das erreichen könnte, was ich heute erreicht habe. Ich hätte mir nie vorstellen können, daß ich mit meinen Bildern so viele Menschen ansprechen, ihnen etwas geben kann. Ich bitte auch nicht um mehr.“ Mit selbstverständlicher Gelassenheit spricht Petra Moll von den Grenzen ihrer Kunst: „Ich bin ja kein weltweiter Maler, ich lebe in meinem Raum, in dem Bereich dessen, was ich kann – in diesem Rahmen aber glaube ich das erreicht zu haben, was mir zu erreichen möglich war.“ Gelegentlich denkt Petra Moll darüber nach, ob es nicht sinnvoll für sie gewesen wäre, nach ihrer Entdeckung der Malerei Unterricht zu nehmen, eine künstlerische Ausbildung zu erfahren. Aber: „Eigentlich wollte ich das gar nicht, daß mir jemand erklärt, was ich machen soll. Ich wollte einfach das machen, was ich machen will. Und ich wußte dabei auch, daß ich die mir möglichen künstlerischen Ausdrucksformen ausgeschöpft habe.“

So ist Petra Moll keineswegs unglücklich, wenn sie von den Grenzen ihrer Kunst spricht, im Gegenteil, sie ist mit dem, was sie aus ihren Fähigkeiten und Möglichkeiten gemacht hat, zufrieden. Allerdings: „Zufriedenheit könnte an Ausruhen erinnern, das aber meine ich auf keinen Fall. Ich fordere mich immer wieder, und ich weiß auch ganz genau, was man manchmal noch besser machen könnte. Und Zweifel, die ich immer habe, gehören einfach zu jeder Kunst.“

Daß ihr Leben ohne Malerei äußerlich und innerlich anders verlaufen wäre, steht für Petra Moll außer Frage, obwohl sie sicher ist, daß, wenn es nicht die Malerei gewesen wäre, ein künstlerischer Ausbruch und Ausdruck in anderer Richtung erfolgt wäre: „Vorgeschwebt hätte mir eigentlich mehr, daß ich schreibe. Das war mein Wunsch.“ Dieses Ziel ist auch noch nicht aufgegeben: „Mir steht immer wieder vor Augen, daß ich schreiben werde, nicht meine Lebensgeschichte, wie das bei Künstlern Mode ist, sondern um all jenem Ausdruck zu geben, was mich über die Malerei hinaus bewegt!“

Was will ein Mensch noch, von dem die anderen glauben, daß er alles erreicht hat? Diese Frage erfaßt für Petra Moll nur eine Meinung von außen, die nicht das begreifen kann, was im Innern eines Menschen vorgeht: „Für ein Bild einen hohen Preis bekommen, eine große Popularität haben – das ist für mich nicht alles. Man hat als Künstler, als Maler einen Lebensbereich, den man abrunden, bis an den äußersten Rand ausschöpfen will, ohne daß man genau sagen könnte, wie man das machen will und was man machen will.“ Auf jeden Fall ist das Ausruhen auf errungenem Lorbeer Petra Moll mehr als fern, es ist ihr wesensfremd. Ein künstlerisches Streben nach einem Ziel, das sich noch nicht exakt ausdrücken läßt, der Gedanke, daß man noch etwas ganz Ungewöhnliches, etwas Besonderes vollenden will, läßt die Malerin nicht mehr los: „Man ist irgendwie auf der Suche nach der verlorenen Zeit, man denkt, daß noch etwas anderes kommen muß, man ist erstaunt, aber man spürt, daß noch irgend etwas fehlt.“ Petra Molls Überlegungen führen hier weg von dem deutlich umrissenen Bereich,

Wo schon viel gemalt wurde und noch viel zu malen ist – an der Loire, wie hier Stadt und Schloß Amboise

Pulsierendes Leben auf Märkten: Wochenmarkt in Würzburg . . .

in dem sie bisher künstlerisch tätig war, sie gehen weit über die Zäune hinaus, die das landläufige Urteil „naive Malerin“ um sie und ihre Bilder errichtet hat: „Das Unerwartete tun, Klischeevorstellungen sprengen, ein festes Eingestuftsein, durch sich und andere, überwinden.“

Das Suchen nach dem Unbestimmten ist das eine, das bestimmte Wissen um das, was sie noch malen will und malen sollte, das andere: Das Programm der Petra Moll ist auf unabsehbare Zeit ausgefüllt bis an den Rand. An der fernen Loire warten ebenso noch ungemalte Bilder auf sie wie in Bayern im allgemeinen und in München im besonderen. Gerade hier, in ihrer Stadt, gibt es so unendlich viel, was sie noch nicht gemalt hat: die Stadtlandschaft an der Isar ist noch nicht festgehalten, viele kleine Winkel in der Au oder im Münchner Osten sind noch nicht erforscht, der königliche Platz Ludwig I. ist noch anzugehen, freilich erst, wenn die in der Diskussion befindliche Neugestaltung endgültig vollzogen ist. Der Eingang zum Hofgarten der Residenz mit der Ruinenkuppel des Armeemuseums im Hintergrund wartet ebenso noch auf die Malerin wie eine Reihe von Kirchen der Landeshauptstadt. Aber auch neue Architektur steht als Herausforderung bereit, die angenommen werden will – den Zeichen setzenden mehrfachen Rundturm des BMW-Bürohauses hat Petra Moll ebenfalls auf der Liste noch zu malender Münchner Motive.

München immer wieder – der menschliche und künstlerische Bezug zu dieser Stadt ist in Petra Moll ungebrochen und stark wie eh und je: „Wenn man mit einer Stadt so innig lebt, wie ich mit München, wenn man mit einer Stadt, als deren Teil man sich fühlt, soviel Freude hat, ist diese Beziehung nicht zu beenden. München ist mein künstlerischer Arbeitgeber.“ München ist für Petra Moll die Stadt, die sie zu ständiger malerischer Arbeit beauftragt: „Jeder Künstler hat das sichere Gespür dafür, wo er hingehört. Und ich gehöre nach München. Ich bin einfach in diese Stadt gestellt.“ Die Künstlerin glaubt, daß ihr Verhältnis zu München nicht enger sein könnte, wenn sie hier geboren wäre: „Ich bin überzeugt davon, daß es Menschen gibt, die hier geboren sind, deren Familien hier seit Generationen leben,

... und Metzgerläden am Rande des Münchner Viktualienmarktes

und die dennoch nicht eine solche Bindung zu ihrer Stadt haben wie ich zu München.“ Und Petra Moll, die sonst eher sachliche, spricht es aus: „Ich kann das nicht erklären, es ist einfach Liebe, und Liebe kann man auch nicht erklären.“

Wo liegen die Gründe für den Erfolg von Petra Moll, warum ist die Zustimmung zu ihrer Malerei so breit, warum hat die Begeisterung für ihre Bilder im Laufe der Jahre immer mehr zugenommen? Die Künstlerin selbst weiß darauf keine schlüssige Antwort, obwohl sie mit einer Überlegung doch wiederum den entscheidenden Punkt anspricht: „Meine Bilder machen mir Freude und deshalb wohl auch dem Betrachter.“ Worin der besondere Zauber der Moll-Bilder liegt, hat vor Jahren ein Kritiker so begründet: „Sie bilden einen Gegenpol, ein manchmal notwendiges Komplementär zu unserer durchrationalisierten Existenz in einer restlos programmierten Industriegesellschaft. Sie veranschaulichen eine insgeheim ersehnte, praktisch nicht zu verwirklichende Rückkehr zum Elementaren und Ursprünglichen, einen Blick auf das vielleicht doch noch nicht ganz verlorene Paradies, das uns täglich umgibt, auch wenn wir es nicht sehen.“

Eine der Ursachen des vielstimmigen und seit Jahren anhaltenden Ja zu den Bildern der Petra Moll ist sicher auch darin zu suchen, daß die Stadt – nicht nur München – von vielen Künstlern als das Unerträgliche und Alptraumhafte schlechthin gesehen und entsprechend umgesetzt wird, während hier jemand bereit ist, aus Überzeugung einen anderen Weg zu gehen. Das italienische Fernsehen wies 1970, anläßlich einer Ausstellung in Triest, auf dieses Spezifikum in der Kunst von Petra Moll hin: „Es ist üblich, die Stadt als Reich des Künstlichen zu betrachten, als die Negation der Freude, des menschlichen, der volkstümlichen Traditionen. Solche Gemeinplätze finden wir widerlegt von den prachtvollen Bildern Petra Molls. Die Inspiration zu ihrer malerischen Tätigkeit kommt ihr von den großen Städten ihres Landes Deutschland und denen der Schweiz und Frankreichs: München, Nürnberg, Köln, Augsburg, Zürich, Paris. Petra Moll schildert die Volksfeste, den Fleischermarkt, den Jahrmarkt, die Bierhallen, den Karneval, Hochzeitsfeste, Sportwettkämpfe. Manchmal verweilt sie bei der Beschreibung eines entlegenen und romantischen Winkels, wo die Szene zum Vorwand für die Beschwörung einer märchenhaften Atmosphäre wird, die in ihrer metaphysische Akzente streifenden Heiterkeit leicht surreal wird.“

Jedem Malen voraus geht das Schauen. Petra Moll hat sich dafür ein besonders genaues Auge angewöhnt, das ihr die Entdeckung von Dingen möglich macht, an denen andere Zeitgenossen achtlos vorbeigehen können. In jeder

Fröhliche Geselligkeit im Weinhaus „Zum Stachel“ in Würzburg

Einzelheit wird die tatsächliche Wirklichkeit aufgenommen und dann umgesetzt in die malerische Wirklichkeit eines Bildes – wobei der Vergleich dann zeigt, daß entgegen erstem Eindruck die beiden Wirklichkeiten sich doch erheblich voneinander unterscheiden. Ihre besondere Schau der Welt und ihrer Dinge macht ihre Kunst unverwechselbar. „Was aber die Bilder der Petra Moll über jedes Klischee hinaushebt, das ist vor allem in der Spontaneität des Sehens und in der unmittelbaren Schau der Gesichter dieser Stadt zu finden", hat Ernst Hoferichter einst geurteilt.

Petra Moll malt ihre Bilder übersichtlich im Aufbau, klar in der Farbe, sicher in der Pinselführung und immer mit dem Blick für das Wesentliche, das Aussagekräftige, das Kennzeichnende. Dabei läßt sich dies bei der Art, in der Petra Moll ihre Bilder zu sehen pflegt, im vermeintlich Nebensächlichen oft eher finden als im weithin als großartig Bekannten. Die Künstlerin geht gleichsam mit einem zweifachen Blick durch die Welt, mit dem einen sieht sie die Realität, mit dem anderen deren Umsetzung in ihr Bild.

Schon ein einziger Besuch im Atelier am Münchner Stachus zeigt, daß sich Petra Moll noch ein Arbeitsprogramm gesetzt hat, dessen Ende auch in Jahren noch nicht abzusehen sein wird. Begonnenes wartet auf Vollendung, Skizzen und Entwürfe mahnen zum Anfang neuer Bilder. Daß die Staffelei leer stehen könnte, ist nicht vorstellbar – eine Staffelei, alt und schwer, an der Petra Moll mit nachdenklicher Liebe hängt: Ein altgewordener und erblindeter Malerkollege hat sie ihr einst geschenkt, weil er sein Handwerkszeug, das ihm ein Malerleben lang Dienst getan hatte, in guten Händen wissen wollte. Und die Hände eines Malers sind dann gute Hände, wenn sie malen.

Und Petra Moll malt. Dabei ist sie, bei allem Ruhen in sich selbst, bei aller Sicherheit hinsichtlich ihres bisherigen künstlerischen Weges, bei allem Wissen um das, was sie kann, immer auch auf der Suche nach dem anderen, dem Neuen.
Auf der einen Seite die Einsicht, daß das Leben im Ablauf der Jahre immer kleiner, immer enger, immer kürzer wird, auf der anderen das Drängen von innen heraus, noch etwas zu schaffen, was bisher Geleistetes zu einem geschlossenen Ganzen rundet – Petra Moll hat das, was sie hier sucht, noch nicht ertastet: „Als ich damals nach Frankreich gefahren bin, habe ich dort meine Malerei gefunden, jetzt bin ich auf der Suche nach dem, was diese für mich entscheidende Entdeckung der Malerei abrunden könnte."

Auf der Suche sein heißt für Petra Moll aber nicht abwarten, sondern malen. Eine ungewöhnliche Idee für einen Bilderzyklus, die ihr hartnäckig durch den Kopf

Das anscheinend Nebensächliche als menschliche Hauptsache – der erste Schultag, als Beispiel

geht, könnte in die Richtung des bisher nur erahnten Zieles weisen: „Ich möchte einen Kreuzweg malen, dessen Stationen durch München führen, und dessen letzte und vierzehnte Station, die Kreuzigung, auf dem Schuttberg am Rande des Olympiageländes sein müßte." Die Trümmer des kriegszerstörten München neben den architektonisch-sportlichen Symbolen modernen und lebensbejahenden Wiederaufbaus – wahrscheinlich ist dieser Gegensatz in Bezug auf den Menschen und die Künstlerin Petra Moll nicht zufällig: auch wer den Mitmenschen durch die Bilder, die er malt, Freude schenken will und dies als erste Aufgabe seiner Kunst ansieht, muß um Ernst und Endlichkeit menschlichen Daseins wissen. Petra Moll weiß darum.

Petra Moll

Daten und Fakten zu Leben und Werk

Ausstellungen

1959 Galerie „la belle Héléne, Paris
1960 Galerie Welz, Salzburg
1961 „Sonntagsmaler"-Ausstellung, Kunstverein München
1962 Einzelausstellung Galerie Carroll, München
1963 Einzelausstellung Galerie Carroll, München
1964 Musée de l'Athenée, Genf
1964 Einzelausstellung Galerie Wolfsburg, Zürich
1965 „Peintres naifs", Galerie Wolfsburg, Zürich
1966 Tecta Galerie, Düsseldorf
1966 1. Trienale d'art naif, Preßburg
1966 Einzelausstellung – Weihnachtsausstellung des Fremdenverkehrsamtes der Stadt München in San Francisco/USA
1967 Einzelausstellung Pavillon des Alten Botanischen Gartens in München
1967 Große Kunstausstellung, Haus der Kunst, München
1967 Galerie Wolfgang Gurlitt, München
1967 Einzelausstellung Goethe-Institut, New York/USA
1968 Einzelausstellung Galerie Bank Brunner, Luzern
1968 Große Kunstausstellung, Haus der Kunst, München
1969 „Perlen der naiven Malerei", Galerie Holzinger, München
1968 Galerie Vömel, Düsseldorf
1969 Einzelausstellung Künstlerclub „Die Insel", Hamburg
1969 Galerie Wolfgang Gurlitt, München
1969 Einzelausstellung Galerie Osram-Haus, München
1969 Einzelausstellung Holbein-Haus, Augsburg
1970 Einzelausstellung Goethe-Institut, Turin
1970 Einzelausstellung Goethe-Institut, Triest
1970 Einzelausstellung im Deutschen Kulturinstitut, Bologna
1970 Einzelausstellung Fondazione Auropa, Mailand
1970 Einzelausstellung Galerie Flughafen Orly, Paris
1970 Einzelausstellung Kunstverein Hameln
1972 Einzelausstellung – Olympia-Ausstellung Galerie Osram-Haus, München
1973 Einzelausstellung Kulturring Kaufbeuren
1974 Ausstellung Bayernwoche, Leverkusen
1975 Einzelausstellung Städtische Galerie, Würzburg
1981 Zum 60. Geburtstag große Einzelausstellung unter der Schirmherrschaft der Stadt München im Jagdmuseum, München
1981 Einzelausstellung Zeughaus, Augsburg
1981 Einzelausstellung Städtische Galerie, Würzburg

Bücher
ausschließlich mit Bildern von Petra Moll illustriert

1964 „München – Bilder einer fröhlichen Stadt“, Text: Ernst Hoferichter, F. A. Ackermanns Kunstverlag, München
1966 „Bayern – Bilder eines glücklichen Landes“, Text: Ernst Hoferichter F. A. Ackermanns Kunstverlag, München
1969 „Die vielen Himmel über Augsburg“, Text: Heiner Seybold
1972 „Die schönste Stadt der Welt“, Text: Kurt Seeberger Verlag Die Brigg, Augsburg
1975 „Liebenswertes Würzburg“, Text: Hanswernfried Muth Echter Verlag, Würzburg
1976 „München – Traumstadt im Winter“,Text: Wilfried Scharnagl
1. Auflage: Echter Verlag, Würzburg
2. Auflage: Brigg Verlag, Augsburg
1979 „Die schönsten Kindergedichte“ Herausgeber: Helmut Zöpfl, Verlag W. Ludwig, Pfaffenhofen
1981 „Das große Petra Moll Buch“, Text: Wilfried Scharnagl Rosenheimer Verlagshaus / Augsburger Bücher Verlags GmbH

Bücher
in denen Petra Moll mit Bildern vertreten ist

„München in Farbe“, Verlag Laterna Magica
„Schön, daß es München gibt“, Verlag R. S. Schulz, Percha
„Im Garten der Träume“, Bruckmann-Verlag, München
„Der Nürnberger Christkindlesmarkt“, Echter Verlag, Würzburg (Titelblatt)
„Dieses München“, Thiemig Verlag, München
„Hinterglasbilder“ Callwey Verlag, München
„Die hohe Schule der Steckenpferde“, Südwest Verlag, München
„Hinterglasmalerei“, Knaur-Taschenbuch

© 1981 ISBN 3-475-52327-2
Das Buch erscheint als Koproduktion im
Rosenheimer Verlagshaus Alfred Förg GmbH & Co. KG, Rosenheim
und der Augsburger Bücher Verlags GmbH, Augsburg

Es wurde gedruckt beim Augsburger Druck- und Verlagshaus
und gebunden bei der
Verlagsbuchbinderei Conzella, München

Die Gestaltung übernahm die Augsburger Bücher Verlags GmbH, Augsburg